"十三五"高校计算机应用技术系列规划教材

丛书主编　谭浩强

C++面向对象程序设计习题解答与上机指导

（第三版）

林小茶　陈维兴　编著

中国铁道出版社有限公司
CHINA RAILWAY PUBLISHING HOUSE CO., LTD.

内 容 简 介

本书是中国铁道出版社出版的教材《C++面向对象程序设计（第三版）》（陈维兴、林小茶编著）的配套教材。

书中内容分为 3 篇，第一篇为“《C++面向对象程序设计（第三版）》习题和参考答案”，这部分内容对主教材中的每道习题都给出了详细的解答，这些习题是编者多年以来在教学中积累、收集并经过验证的习题，全部上机调试通过；第二篇为“C++语言上机实验环境介绍”，简单介绍了在 Visual C++ 2010 环境下调试与运行程序的方法，以方便读者快速熟悉上机环境；第三篇为“上机实验”，包括 9 套实验，每套实验都给出了实验目的、实验要求、实验步骤以及参考源程序。

本书适合作为高等院校各专业学生学习 C++基础课程的配套教材，也适合单独作为学习 C++语言的学习辅导书。

图书在版编目（CIP）数据

C++面向对象程序设计习题解答与上机指导 / 林小茶，陈维兴编著. —3 版. —北京：中国铁道出版社，2017.1（2023.7 重印）
“十三五”高校计算机应用技术系列规划教材
ISBN 978-7-113-10135-0

Ⅰ. ①C… Ⅱ. ①林… ②陈… Ⅲ. ①C 语言－程序设计－高等学校－教材 Ⅳ. ①TP312

中国版本图书馆 CIP 数据核字（2016）第 265011 号

书　　名：C++面向对象程序设计习题解答与上机指导
作　　者：林小茶　陈维兴

策　　划：周海燕　　　　编辑部电话：（010）63549508
责任编辑：周海燕　徐盼欣
封面设计：付　巍
封面制作：白　雪
责任校对：汤淑梅
责任印制：樊启鹏

出版发行：中国铁道出版社有限公司（100054，北京市西城区右安门西街 8 号）
网　　址：http://www.tdpress.com/51eds/
印　　刷：北京铭成印刷有限公司
版　　次：2004 年 5 月第 1 版　2009 年 12 月第 2 版　2017 年 1 月第 3 版　2023 年 7 月第 6 次印刷
开　　本：787mm×1092mm　1/16　印张：10.5　字数：248 千
书　　号：ISBN 978-7-113-10135-0
定　　价：29.00 元

序

PREFACE

信息技术的迅猛发展和对人类的深远影响使许多人目瞪口呆。在当今社会，每个人都在享受信息技术的成果，都在直接或间接地应用着信息技术。信息技术改变了世界面貌，改变了人类的生活方式，也改变了人们的思维方式。

早在 30 多年前，我国高等学校已经开始在全体大学生中开展计算机教育，计算机课程成为所有学生的必修课程，掌握计算机基本知识和应用能力成为对大学生的基本要求和毕业后求职的必要条件。大学中的计算机课程的设置和内容随着信息技术的发展而与时俱进，全社会对计算机基础教育的认识和支持率大大提高了，真是今非昔比。

高等学校中的计算机教育是由两部分组成的：一是计算机专业的教育，二是面向 95%以上大学生的非计算机专业的计算机教育（称为高校计算机基础教育）。两者的培养目标、教学内容和教学方法是不同的。前者主要培养计算机专门人才，后者主要培养各行各业中广大的计算机应用人才。

过去，面向非计算机专业大学生的课程体系和教材往往是根据计算机专业的知识体系和教材来构建的，强调学科的系统性和完整性，强调理论，有的甚至是计算机专业课程的浓缩。事实证明这是不切合实际的，难以取得好的效果。

大学生为什么要学习计算机？答案是不言而喻的：首先是因为计算机有用。如果没有用何必学习它呢？现代社会离开计算机寸步难行，使用计算机将是现代人的一项基本技能。现在有些老年人（包括一些老年知识分子）由于不会使用计算机而感到处处不便，他们的意识、习惯和工作明显落后于时代，影响了他们对社会的贡献，这是很可惜的。

有人轻视应用，以为应用就是操作，因此认为“理论高级，应用低级”，这是一种误解。应用是分层次的，应用有初级、中级和高级之分。搞理论的人只是少数，绝大多数人将来是搞应用的。大到两弹一星，小到网上购物，在各个领域，都可以看到计算机应用无所不在，所有的人都可以尽其所能，大显身手。

计算机基础教育在本质上是计算机应用的教育，应当以应用为目的，以应用为出发点，应该以计算机应用为主线来构建课程体系，明确分析和提出应用能力的要求，编写出体现应用特点的教材。

计算机基础教育要综合考虑三方面因素：信息技术的发展、面向应用的需要以及科学思维的培养。在计算机基础教学中应当做到：讲知识、讲应用、讲方法，并且把三者紧密结合起来。首先要讲知识，因为知识是基础，应用和方法都需要知识支撑；同时要讲应用，因为计算机基础教育不是纯理论的学习，要面向应用，提高应用能力；还要注意向学生传授方法，使学生掌握规律，学会思考，培养科学的思维方法。

对多数人来说，学习计算机的目的是利用这个现代化工具处理面临的各种问题，使自己能够跟上时代前进的步伐，同时在学习过程中努力培养自己的信息素养，使自己具有信息时代所要求的科学素质，站在信息技术发展和应用的前列，推动我国信息技术的发展。

学习计算机课程有两种不同的方法：一是从理论入手；二是从实际应用入手。不同的人有不同的学习内容和学习方法。大学生中的多数人将来是各行各业中的计算机应用人才。对他们来说，不仅需要“知道什么”，更重要的是“会做什么”。因此，在学习过程中要以应用为目的，注重培养应用能力，大力加强实践环节训练，激励创新意识。

由于全国各地区、各高等院校的情况不同，需要有不同特点的教材来满足不同学校、不同专业教学的需要。因此，在教材建设上应当提倡百花齐放，推陈出新。应当提供不同内容、不同风格的教材，供各校选用。

根据培养应用型人才的需要，我们组织编写了这套“‘十三五’高校计算机应用技术系列规划教材”。这套教材的特点是突出应用技术，面向实际应用，强调培养应用能力，学以致用。在选材上，根据实际应用的需要决定内容的取舍，重视实践环节，不涉及过多的理论，坚决舍弃那些现在用不到、将来也用不到的内容。在叙述方法上，采取“提出问题—解决问题—归纳分析”的三部曲，这种从实际到理论、从具体到抽象、从个别到一般的方法，符合人们的认知规律，且在实践过程中已取得了很好的效果。

本丛书可以作为应用型大学的计算机应用技术课程的教材，程度较高的高职高专学校也可从中选择适用的教材，也可作为广大计算机爱好者的自学教材。

本丛书由浩强创作室与中国铁道出版社共同策划，由有丰富教学经验的高校老师编写而成。中国铁道出版社以很高的热情和效率组织了这套教材的出版工作。在组织编写及出版推广过程中，得到各高等院校老师的大力支持，对此谨表衷心的感谢。

本丛书如有不足之处，请各位专家、老师和广大读者不吝指正。希望通过本丛书的出版，能为我国计算机教育事业的发展和人才培养做出贡献。

全国高等院校计算机基础教育研究会荣誉会长

丛书主编

谭浩强

第三版前言

FOREWORD

本书是为了配合中国铁道出版社出版的教材《C++面向对象程序设计（第三版）》（陈维兴、林小茶编著）而编写的辅助教材。

由于第三版主教材相对第二版主教材有一些改动，因此辅助教材也做了一些相应的变化。

（1）根据第二版教材出版后的使用情况，我们更换了一些习题。我们认为，这些习题能更好地体现面向对象程序设计的特性。

（2）因为主教材采用了新的调试环境：Visual C++ 2010，因此，习题部分的所有程序也同样在 Visual C++ 2010 环境进行了重新调试。

笔者在此还是要强调，如果想提高自己的编程能力，必须上机操作。

请读者正确地使用本书，不要在没有经过任何思考的情况下，直接阅读答案，这样做不仅没有益处，并且违背了我们编写本书的初衷。

以笔者多年的教学经验，面向对象程序设计思想的建立不是一件容易的事情，许多学生都反映，听得懂，看得懂，但编写程序时，仍然感觉无从下手。本书就是想帮助学生解决编写程序的难题。因此，在选择例题时，特别注意配合主教材的内容循序渐进地对面向对象程序设计的能力进行训练。

本书由林小茶、陈维兴编著。其中，第一篇的内容由陈维兴和林小茶共同编写，第二篇和第三篇由林小茶编写。

本书适合作为高等院校各专业学生学习 C++基础的配套教材，也适合单独作为学习 C++语言的学习辅导书。

由于编者水平有限，书中难免还存在一些疏漏和不足，殷切希望广大读者批评指正。

编　者

2016 年 8 月

第一版前言

FOREWORD

学过程序设计的人，都有一个体会，看别人编写的程序，好象挺明白的，但是一旦要自己编写一个程序，就感觉无从下手。这是因为程序设计是一门对实践环节要求很高的课程，初学者要想真正学会C++语言程序设计，最重要的要抓住两个关键环节：一个是多做程序设计的习题，多编程，另一个就是多上机。写在纸上的程序是否正确，最好的办法就是上机验证一下。为此，我们编写了这本习题解答与实验指导。本书在对教材中的习题进行解答的同时，也对一些基本的程序算法和规则进行了详细的分析，希望能帮助学习者尽快掌握C++语言程序设计的基本规则与编程规律，并能够熟练运用这些规则与技巧，编制出具有良好风格的应用程序，最终能够顺利地通过上机调试。

本书的主要内容分为三篇：第一篇“《C++面向对象程序设计》习题和参考答案”是对教材中的习题的详细解答；第二篇“C++语言上机实验环境介绍”介绍了C++程序设计调试环境Visual C++ 6.0和Turbo C++；第三篇“上机实验题与参考答案”安排了10套精心设计的实验，每个实验都给出了详细的实验目的、实验要求和实验步骤，帮助学习者掌握C++程序设计的方法，并进一步加深对课程相关内容的理解与掌握。考虑到学生在上机操作中，经常遇到一些错误信息，但看不懂，不知如何修改，因此我们把一些常用的错误信息注释放在附录中，以供学生上机实验时使用。

提供习题解答和实验参考源程序的主要目的是给学习者一个参考和借鉴，作者在这里要强调一点，程序设计是一个创作的过程，解决一个实际问题的程序肯定不是惟一的，因此，在阅读本书的参考答案之前，希望读者已经独立思考过教材中的习题以及实验题目，这样才有助于程序设计水平的提高，并且不要把本书的参考源程序作为唯一的答案。本书中所有程序都经作者在Visual C++ 6.0或Turbo C++ 3.0上调试通过。

本书第一篇的内容由陈维兴教授和林小茶副教授共同编写，附录由陈维兴编写，第二篇和第三篇由林小茶编写。

在本书编写和出版过程中，全国计算机基础教育研究会会长谭浩强教授给予了指导和把关，在此表示最衷心的感谢。

由于编者水平有限，书中难免还存在一些缺点和错误，殷切希望广大读者批评指正。

编　者

2004年4月

第二版前言

FOREWORD

本书是为了配合中国铁道出版社出版的教材《C++面向对象程序设计（第二版）》（陈维兴、林小茶）而编写的辅助教材。

由于第二版主教材对第一版主教材有一些改进，因此辅助教材也做了一些相应的改动。

（1）为了适应教学，我们更换了一些习题，我们认为，这些习题能更好地锻炼学生的程序设计能力。

（2）主教材中使用了标准C++的头文件改写了所有的源程序，本辅助教材也同样将习题解答中所有的源程序进行了修改，即：系统头文件不带后缀“.h”，使用系统库时使用命名空间std。

有一点提请读者特别注意：本教材保留了对Turbo C++ 3.0环境的描述，但是，该环境并不支持命名空间std，因此，如果在Turbo C++ 3.0环境下对程序进行调试的话，应该将程序做一定的修改。

```
#include <iostream>
using namespace std;
```

上面两行是使用命名空间的语句，要使程序能在Turbo C++ 3.0环境下执行，应将其修改为：

```
#include <iostream.h>
```

以笔者多年的教学经验，面向对象程序设计思想的建立不是一件容易的事情，许多学生都反映，听得懂，看得懂，就是自己一编程序，仍然感觉无从下手。本辅助教材就是想帮助学生解决编写程序的难题。因此，在选择例题时，特别注意配合主教材的内容循序渐进地对面向对象程序设计的能力进行训练。

请读者正确地使用本教材，不要在没有经过任何思考的情况下，直接阅读答案，这样做一点好处也没有，并且违背了我们编写本教材的初衷。

本书第一部分的内容由陈维兴和林小茶共同编写，附录由陈维兴编写，第二部分和第三部分由林小茶编写。

本书适合作为高等院校各专业学生学习 C++基础的配套教材,也适合单独作为学习 C++语言的学习辅导书。

由于编者水平有限，书中难免还存在一些缺点和错误，殷切希望广大读者批评指正。

编　者

2009年10月

目录

CONTENTS

第一篇 《C++面向对象程序设计（第三版）》习题和参考答案

第二篇　C++语言上机实验环境介绍

第三篇　上 机 实 验

第一篇

《C++面向对象程序设计（第三版）》习题和参考答案

第 1 章 面向对象程序设计

【1.1】什么是面向对象程序设计？

【解】

面向对象程序设计是一种新型的程序设计范型。这种范型的主要特征是：

程序 = 对象 + 消息

面向对象程序的基本元素是对象，面向对象程序的主要结构特点：第一，程序一般由类的定义和类的使用两部分组成，在主程序中定义各对象并规定它们之间传递消息的规律。第二，程序中的一切操作都是通过向对象发送消息来实现的，对象接收到消息后，启动有关方法完成相应的操作。

面向对象程序设计方法模拟人类习惯的解题方法，代表了计算机程序设计新颖的思维方式。这种方法的提出是对软件开发方法的一场革命，是目前解决软件开发面临困难的最有希望、最有前途的方法之一。

【1.2】在面向对象程序设计中，什么是对象？什么是类？对象与类的关系是什么？

【解】

在面向对象程序设计中，对象是描述其属性的数据以及对这些数据施加的一组操作封装在一起构成的统一体。对象可以认为是：数据 + 操作。对象所能完成的操作表示它的动态行为，通常也把操作称为方法。

在面向对象程序设计中，"类"就是具有相同的数据和相同的操作的一组对象的集合，也就是说，类是对具有相同数据结构和相同操作的一类对象的描述。

类和对象之间的关系是抽象和具体的关系。类是多个对象进行综合抽象的结果，一个对象是类的一个实例。

【1.3】现实世界中的对象有哪些特征？

【解】

现实世界中的对象，具有以下特性：

（1）每一个对象必须有一个名字以区别于其他对象。

（2）用属性来描述它的某些特征。

（3）有一组操作，每个操作决定对象的一种行为。

（4）对象的操作可以分为两类：一类是自身所承受的操作，一类是施加于其他对象的操作。

【1.4】什么是消息？消息具有什么性质？

【解】

在面向对象程序设计中，一个对象向另一个对象发出的请求称为“消息”。当对象接收到发向它的消息时，就调用有关的方法，执行相应的操作。消息是一个对象要求另一个对象执行某个操作的规格的说明，通过消息传递才能完成对象之间的相互请求或相互协作。

消息具有以下三个性质：

（1）同一个对象可以接收不同形式的多个消息，做出不同的响应。

（2）相同形式的消息可以传递给不同的对象，所做出的响应可以是不同的。

（3）对消息的响应并不是必需的，对象可以响应消息，也可以不响应。

【1.5】什么是方法？在 C++中它是通过什么来实现的？

【解】

在面向对象程序设计中的消息传递实际是对现实世界中的信息传递的直接模拟。调用对象中的函数就是向该对象传送一个消息，要求该对象实现某一行为（功能、操作）。对象所能实现的行为（操作），在面向对象程序设计中称为方法，它们是通过调用相应的函数来实现的，在 C++中方法是通过成员函数来实现的。

【1.6】什么是抽象和封装？

【解】

抽象是人类认识问题的最基本的手段之一。抽象是将有关事物的共性归纳、集中的过程。抽象是通过特定的实例（对象）抽取共同性质后形成概念的过程。面向对象程序设计中的抽象包括两个方面：数据抽象和代码抽象（或称行为抽象）。前者描述某类对象的属性或状态，也就是此类对象区别于彼类对象的特征物理量；后者描述某类对象的共同行为特征或具有的共同功能。

在现实世界中，所谓封装就是把某个事物包围起来，使外界不知道该事物的具体内容。在面向对象程序设计中，封装是指把数据和实现操作的代码集中起来放在对象内部，并尽可能隐蔽对象的内部细节。

封装是面向对象程序设计方法的一个重要特性，所谓封装具有两方面的含义：一是将有关的数据和操作代码封装在一个对象中，各个对象相对独立、互不干扰。二是将对象中某些数据与操作代码对外隐蔽，即隐蔽其内部细节，只留下少量接口，以便与外界联系，接收外界的消息。这种对外界隐蔽的做法称为信息隐蔽。信息隐蔽有利于数据安全，防止无关人员访问和修改数据。

【1.7】什么是继承？请举例说明。

【解】

继承所表达的是对象类之间的相关关系，这种关系使得某类对象可以继承另外一类对象的特征和能力。现实生活中，继承是很普遍和容易理解的。例如，我们继承了父母的一些特征，如种族、血型、眼睛的颜色等，父母是我们所具有的属性的基础。

图 1-1 所示是一个继承的典型例子：汽车继承的层次。

以面向对象程序设计的观点，继承所表达的是对象类之间相关的关系。这种关系使得某一类可以继承另外一个类的特征和能力。

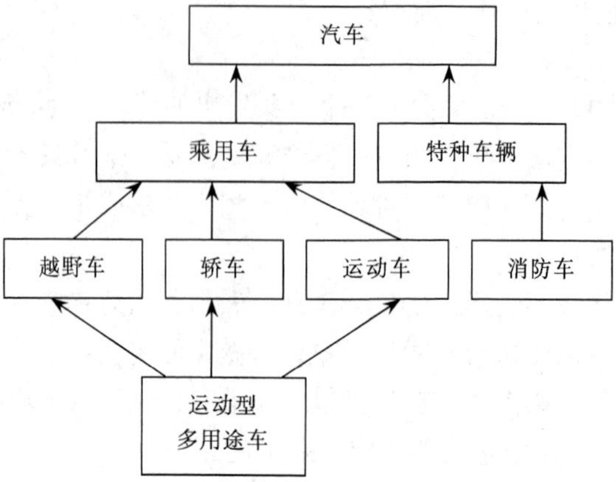

图 1-1　汽车继承的层次图

【1.8】若类之间具有继承关系，则它们之间具有什么特征？

【解】

若类之间具有继承关系，则它们之间具有下列几个特性：

（1）类间具有共享特征（包括数据和操作代码的共享）。

（2）类间具有差别或新增部分（包括非共享的数据和操作代码）。

（3）类间具有层次结构。

假设有两个类 A 和 B，若类 B 继承类 A，则类 B 包含了类 A 的特征（包括数据和操作），同时也可以加入自己所特有的新特性。这时，称被继承类 A 为基类或父类；称继承类 B 为 A 的派生类或子类。同时，我们还可以说，类 B 是从类 A 中派生出来的。

【1.9】什么是单继承、多继承？请举例说明。

【解】

从继承源上分，继承分为单继承和多继承。单继承是指每个派生类只直接继承了一个基类的特征。图 1-2 表示了一种单继承关系。它表示 Windows 操作系统的窗口之间的继承关系。

多继承是指多个基类派生出一个派生类的继承关系。多继承的派生类直接继承了不止一个基类的特征。例如，小孩喜欢的玩具车即继承了车的一些特性，还继承了玩具的一些特征，如图 1-3 所示。

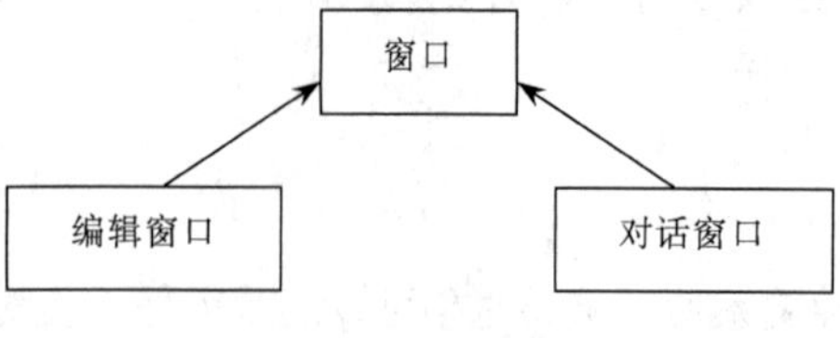

图 1-2　单继承关系

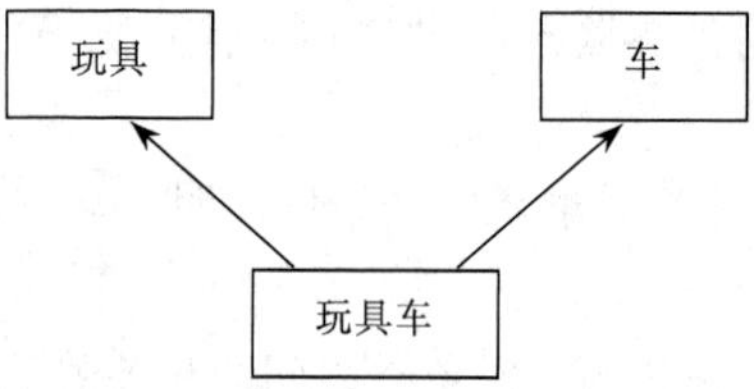

图 1-3　多继承关系

【1.10】什么是多态性？请举例说明。

【解】

多态性也是面向对象程序的重要特征。它是指不同的对象收到相同的消息时产生不同的行为方式。例如，同样双击 Windows 系统桌面上的图标时，有的是打开多媒体播放器，有的是打开资源管理器。

利用多态性，用户只需发送一般形式的消息，而将所有的实现留给接收消息的对象。对象根据所收到的消息而做出相应的动作。

【1.11】传统程序设计方法的局限性主要有哪些？

【解】

传统程序设计方法的局限性主要有三个方面：

（1）传统程序设计开发软件的生产效率低下。

传统程序设计的生产方式仍是采用较原始的方式进行，程序设计基本上还是从语句一级开始。软件的生产中缺乏大粒度、可重用的构件，软件的重用问题没有得到很好的解决，从而导致软件生产的工程化和自动化屡屡受阻。传统程序设计的特点是数据与其操作分离，而且对同一数据的操作往往分散在程序的不同的地方。这样，如果一个或多个数据的结构发生了变化，那么这种变化将波及程序的很多部分甚至遍及整个程序，致使许多函数和过程必须重写，严重时会导致整个软件结构的崩溃。传统程序设计是面向过程的，其数据和操作相分离的结构，使得维护数据和处理数据的操作过程要花费大量的精力和时间，严重地影响了软件的生产效率。

总之，要提高软件生产的效率，就必须很好地解决软件的重用性、复杂性和可维护性问题。但是传统的程序设计是难以解决这些问题的。

（2）传统程序设计难以应付日益庞大的信息量和多样的信息类型。

当代计算机的应用领域已从数值计算扩展到了人类社会的各个方面，所处理的数据已从简单数字和字符发展为具有多种格式的多媒体数据（如文本、图形、图像、影像、声音等），描述的问题从单纯的计算问题到仿真复杂的自然现象和社会现象。随着计算机处理的信息量与信息类型的迅速增加，程序的规模日益庞大，复杂度不断增加，传统程序设计方法是无法应付的。

（3）传统的程序设计难以适应各种新环境。

当前，并行处理、分布式、网络和多机系统等已经或将是程序运行的主流方式和主流环境。这些环境的一个共同的特点是都具有一些有独立处理能力的结点，结点之间有通信机制，即以消息传递进行联络。显然传统的程序设计技术很难适应这些新环境。

【1.12】面向对象程序设计的优点主要有哪些？

【解】

面向对象程序设计的优点主要包括以下几个方面：

（1）可提高程序的重用性。

重用是提高软件开发效率的最主要的方法，面向对象程序设计能比较好地解决软件重用的问题。对象所固有的封装性和信息隐藏等机理，使得对象内部的实现与外界隔离，具有较强的独立性，它可以作为一个大粒度的程序构件，供同类程序直接使用。

（2）可控制程序的复杂性。

面向对象程序设计采用了数据抽象和信息隐藏技术，把数据及对数据的操作放在一个个类中，作为相互依存、不可分割的整体来处理。这样，在程序中任何要访问这些数据的地方都只需简单地通过传递信息和调用方法来进行，这就有效地控制了程序的复杂性。

（3）可改善程序的可维护性。

在面向对象程序设计中，对对象的操作只能通过消息传递来实现，所以只要消息模式即对应的方法界面不变，方法体的任何修改不会导致发送消息的程序修改，这显然对程序的维护带来了方便。另外，类的封装和信息隐藏机制使得外界对其中的数据和程序代码的非法操作成为不可能，这也就大大地减少了程序的错误率。

（4）能够更好地支持大型程序设计。

面向对象技术在数据抽象和抽象数据类型之上又引入了动态链接和继承性等机制，进一步发展了基于数据抽象的模块化设计，使其更好地支持大型程序设计。

（5）增强了计算机处理信息的范围。

面向对象程序设计方法模拟人类习惯的解题方法，代表了计算机程序设计的新颖的思维方法。用类来直接描述现实世界中的类型，可使计算机系统的描述和处理对象从数据扩展到现实世界和思维世界的各种事物，这实际上大大扩展了计算机系统处理的信息量和信息类型。

（6）很好地适应新的硬件环境。

面向对象程序设计中的对象、消息传递等思想和机制，与分布式、并行处理、多机系统及网络等硬件环境也恰好相吻合。面向对象的思想也影响到计算机硬件的体系结构，现在已在研究直接支持对象概念的面向对象计算机。这样的计算机将会更适合于面向对象程序设计，更充分地发挥面向对象技术的威力。

第 2 章 C++基础

【2.1】简述 C++的主要特点。

【解】

C++最主要的特点有以下几点：

（1）C++保持与 C 兼容，这就使许多 C 代码不经修改就可以为 C++所用，用 C 语言编写的众多的库函数和实用软件可以用于 C++中。

（2）C++保持了 C 语言的简洁、高效和接近汇编语言等特点，并对 C 语言的功能做了不少扩充。用 C++编写的程序比 C 语言编写的程序更安全，可读性更好，代码结构更为合理。

（3）用 C++编写的程序质量高，从开发时间、费用到形成的软件的可重用性、可扩充性、可维护性和可靠性等方面有了很大的提高，使得大中型的程序开发变得更加容易。

（4）增加了面向对象的机制，C++几乎支持所有的面向对象程序设计特征，体现了近几十年来在程序设计和软件开发领域出现的新思想和新技术。

C++最有意义的方面是支持面向对象的特征，然而，由于 C++与 C 语言保持兼容，使得 C++不是一个纯正的面向对象的语言，C++既可用于面向过程的结构化程序设计，也可用于面向对象的程序设计。

【2.2】下面是一个 C 程序，改写它，使它采用 C++风格的 I/O 语句。

```
#include <stdio.h>
int  main()
{   int  a,b,d,min;
    printf("Enter  two  numbers: ");
    scanf("%d%d",&a,&b);
    min=a>b?b:a;
    for(d=2;d<min;d++)
       if(((a%d)==0)&&((b%d)==0))  break;
    if(d==min)
    {   printf("No  common  denominators\n");
        return  0;
    }
    printf("The  lowest  common  denominator  is  %d\n",d);
    return  0;
}
```

【解】

```
#include <iostream>
using namespace std;
int main()
{  int a,b,d,min;
   cout<<"Enter two numbers: ";
   cin>>a;
   cin>>b;
   min=a>b?b:a;
   for(d=2;d<min;d++)
      if(((a%d)==0)&&((b%d)==0)) break;
   if(d==min)
   {  cout<<"No common denominators\n";
      return 0;
   }
   cout<<"The lowest common denominator is "<<endl<<d;
   return 0;
}
```

【2.3】函数重载是指（　　）。

A. 两个或两个以上的函数取相同的函数名，但形参的个数或类型不同

B. 两个以上的函数取相同的名字和具有相同的参数个数，但返回值的类型不同

C. 两个以上的函数名字不同，但形参的个数或类型相同

D. 两个以上的函数取相同的函数名，并且函数的返回类型相同

【解】A

【2.4】声明或定义一个内联函数时，必须在函数开始使用关键字（　　）。

A. static　　B. inline　　C. const　　D. extern

【解】B

【2.5】一个函数功能不太复杂，但被频繁调用，宜选用（　　）。

A. 内联函数　　B. 重载函数　　C. 递归函数　　D. 嵌套函数

【解】A

【2.6】在 C++中，下列关于设置参数默认值的描述中，正确的是（　　）。

A. 程序中有函数重载，就不能设置参数默认值

B. 设置参数默认值，只能在函数定义时进行

C. 设置参数默认值时，应该是先设置右边的再设置左边的

D. 设置参数默认值时，应该全部参数都设置

【解】C

【2.7】已知“int m=10;”，在下列表示引用的方法中，正确的是（　　）。

A. int &x=m;　　B. int &y=10;　　C. int &z;　　D. float &t=&m;

【解】A

【2.8】在 C++中，下列关于设置函数默认参数值的描述中，正确的是（　　）。

A. 不允许设置默认参数值

B. 在指定了默认值的参数右边，不能出现没有指定默认值的参数

C. 只能在函数的定义中指定参数的默认值

D．设置默认参数值时，必须全部都设置

【解】B

【2.9】下列描述中关于引用调用的是（　　）。

A．形参是指针，实参是地址值　　B．形参是引用，实参是变量

C．形参和实参都是变量　　D．形参和实参都是数组名

【解】B

【2.10】下列语句中错误的是（　　）。

A．int *p=new int(10);　　B．int *p=new int[10];

C．int *p=new int;　　D．int *p=new int[40](0);

【解】D

说明：

"int *p=new int(10);"表示动态分配 1 个整型内存空间，初值为 10。

"int *p=new int[10];"表示动态分配 10 个整型内存空间。

"int *p=new int;"表示动态分配 1 个整型内存空间。

"int *p=new int[40](0)"想给一个数组分配内存空间时，对数组进行初始化，这是不允许的。

【2.11】假设已经有定义"const char *const name="chen";"，下面的语句中正确的是（　　）。

A．name[3]='a';　　B．name="lin";

C．name=new char[5];　　D．cout<<name[3];

【解】D

说明：

name 被定义为指向常量的常指针，所以它所指的内容和本身的内容都不能修改，而"name[3]='a';"修改了 name 所指的常量，"name="lin";"和"name=new char[5];"修改了常指针，只有 D 输出一个字符是正确的。

【2.12】假设已经有定义"char *const name="chen";"，下面的语句中正确的是（　　）。

A．name[3]='q';　　B．name="lin";

C．name=new char[5];　　D．name=new char('q');

【解】A

说明：

name 被定义常指针，所以它所指的内容能改变，但指针本身的内容不可以修改，"name[3]='q';"修改了 name 所指的内容，是正确的。而"name="lin";""name=new char[5];"和"name=new char('q');"以不同的方法修改了常指针，都是错误的。

【2.13】假设已经有定义"const char *name="chen";"，下面的语句中错误的是（　　）。

A．name[3]='q';　　B．name="lin";

C．name=new char[5];　　D．name=new char('q');

【解】A

说明：

name 被定义指向常量的指针，所以它所指的内容不能改变，但指针本身的内容可以修改，而"name[3]='q';"修改了 name 所指的内容，是错误的。"name=="lin";""name=new char[5];"和"name=

new char('q')”以不同的方法修改了常指针，都是正确的。

【2.14】在重载函数调用时选择的依据中，错误的是（　　）。

A．函数名字　　B．函数的返回类型　　C．参数个数　　D．参数的类型

【解】B

【2.15】在（　　）情况下适宜采用内联函数。

A．函数代码小，频繁调用　　B．函数代码多，频繁调用

C．函数体含有递归语句　　D．函数体含有循环语句

【解】A

【2.16】在下列描述中，错误的是（　　）。

A．内联函数主要解决程序的运行效率问题

B．内联函数的定义必须出现在内联函数第一次被调用之前

C．内联函数中可以包括各种语句

D．对内联函数不可以进行异常接口声明

【解】C

【2.17】下面的类型声明中正确的是（　　）。

A．int &a[4];　　B．int &*p;　　C．int &&q;　　D．int i,*p=&i;

【解】D

说明：

C++中不能建立引用数组和指向引用的指针，也不能建立引用的引用。所以 A、B、C 是错误的，D 是正确的。

【2.18】下列关于 new 运算符的描述中，错误的是（　　）。

A．它可以用来动态创建对象和对象数组

B．使用它创建的对象或对象数组可以使用运算符 delete 删除

C．使用它创建对象时要调用构造函数

D．使用它创建对象数组时必须指定初始值

【解】D

【2.19】下面的函数声明中，（　　）是 void BC(int a, int b);的重载函数。

A．int BC(int a, int b);　　B．void BC(int x, int y);

C．float BC(int a, int b);　　D．void BC(float a, float b, float c);

【解】D

【2.20】有函数原型 void test(int a, int b=7,char c='*')，下面的函数调用中，属于不合法调用的是（　　）。

A．test(5);　　B．test(5,8);　　C．test(6,"#");　　D．test(0,0,'*;');

【解】C

【2.21】下列关于 delete 运算符的描述中，错误的是（　　）。

A．它必须用于 new 返回的指针

B．使用它删除对象时要调用析构函数

C．对一个指针可以使用多次该运算符

D．指针名前只有一对方括号符号，不管所删除数组的维数

【解】C

【2.22】下面这个简短的 C++程序不可能编译通过，为什么？

```
#include <iostream>
using namespace std;
int main()
{   int a,b,c;
    cout<<"Enter two numbers:  ";
    cin>>a>>b;
    c=sum(a,b);
    cout<<"sum is: "<<c;
    return 0;
}
int sum(int a,int b)
{  return a+b;
}
```

【解】

不可能通过编译的原因是：在程序中，当一个函数的定义在后，而对它的调用在前时，必须将该函数的原型写在调用语句之前，而在本程序中缺少函数原型语句。在语句“using namespace std;”后加上函数原型语句“sum(int a, int b);”就可通过编译。

【2.23】回答问题。

（1）以下两个函数原型是否等价：

```
float fun(int a,float b,char *c);
float fun(int,float,char *c);
```

（2）以下两个函数的第一行是否等价：

```
float fun(int a,float b,char *c)
float fun(int,float,char *)
```

【解】

（1）这两个函数原型是等价的，因为函数原型中的参数名可以省略。

（2）这两个函数的第一行是不等价的，函数的第一行中必须包含参数名。

【2.24】写出下列程序的运行结果。

```
#include <iostream>
using namespace std;
int i=15;
int main()
{   int i;
    i=100;
    ::i=i+1;
    cout<<::i<<endl;
    return 0;
}
```

【解】本程序的运行结果如下：

```
101
```

说明：

在语句“::i=i+1;”中赋值号左边“::i”的中 i 是全局变量，赋值号右边的 i 是局部变量。所以

执行该语句的结果是将局部变量 i 的值加 1（即 101）后赋值给全局变量 i。

【2.25】写出下面程序的运行结果。

```
#include <iostream>
using namespace std;
void f(int &m,int n)
{   int temp;
    temp=m;
    m=n;
    n=temp;
}
int main()
{   int a=5,b=10;
    f(a,b);
    cout<<a<<" "<<b<<endl;
    return 0;
}
```

【解】本程序的运行结果如下：

```
10    10
```

说明：

函数 f(&m,n)中第 1 个参数是引用参数，引用参数是一种按地址传递参数的方法，对其的调用是传地址调用；而第 2 个参数是变量参数，对它的调用是传值调用。所以调用函数 f 后，实参 a 的值被改为 10，实参 b 的值不变，仍为 10。

【2.26】分析下面程序的运行结果。

```
#include <iostream>
using namespace std;
int &f(int &i)
{  i+=10;
   return i;
}
int main()
{   int k=0;
    int &m=f(k);
    cout<<k<<endl;
    m=20;
    cout<<k<<endl;
    return 0;
}
```

【解】本程序的运行结果如下：

```
10
20
```

说明：

函数 f()的参数是变量的引用，对它的调用是传地址调用，所以函数 f()调用后，主函数中 k 的值变为 10。又由于 m 是对函数 f()的引用，当 m 被赋值为 20 时，k 的值也变为 20。

【2.27】编写一个 C++风格的程序，用动态分配空间的方法计算 Fibonacci 数列的前 20 项并存储到动态分配的空间中。

【解】实现本题功能的程序如下：

```
#include <iostream>
using namespace std;
int main()
{   int *p=new int[20];                  //动态分配 20 个整型内存空间
    *p=1;
    *(p+1)=1;                            //对前面 2 个内存空间赋值 1
    cout<<*p<<"\t"<<*(p+1)<<"\t";
    p=p+2;                               //p 指向第 3 个内存空间
    for(int i=3;i<=20;i++)
    {   *p=*(p-1)+*(p-2);
        cout<<*p<<"\t";
        if(i%5==0) cout<<endl;
        p++;                             //p 指向下一个内存空间
    }
    return 0;
}
```

本程序的运行结果如下：

```
1      1      2      3      5
8      13     21     34     55
89     144    233    377    610
987    1597   2584   4181   6765
```

【2.28】编写一个 C++风格的程序，建立一个被称为 sroot()的函数，返回其参数的二次方根。重载函数 sroot()3 次，让它返回整数、长整数与双精度数的二次方根（计算二次方根时，可以使用标准库函数 sqrt()）。

【解】实现本题功能的程序如下：

```
#include <iostream>
#include <cmath>
using namespace std;
double sroot(int i)
{   return sqrt(1.0*i);
}
double sroot(long l)
{   return sqrt(1.0*l);
}
double sroot(double d)
{   return sqrt(1.0*d);
}
int main()
{   int i=12;
    long l=1234;
    double d=12.34;
    cout<<"i 的二次方根是: "<<sroot(i)<<endl;
    cout<<"l 的二次方根是: "<<sroot(l)<<endl;
    cout<<"d 的二次方根是: "<<sroot(d)<<endl;
    return 0;
}
```

本程序的运行结果如下：

```
i的二次方根是: 3.4641
l的二次方根是: 35.1283
d的二次方根是: 3.51283
```

注意：Visual C++ 2010 中 sqrt()函数的参数必须是浮点数！

【2.29】编写一个 C++风格的程序，解决百钱问题：将一元人民币兑换成 1 分、2 分、5 分的硬币，有多少种换法？

【解】实现本题功能的程序如下：

```
#include <iostream>
using namespace std;
int main()
{   int  i,j,sum=0;;
    for(i=0;i<=20;i++)
       for(j=0;j<=50;j++)
         if(100-5*i-2*j>=0)
         {   sum++;
             cout<<100-5*i-2*j<<"\t"<<j<<"\t"<<i<<endl;
         }
    cout<<"sum  is  "<<sum<<endl;
    return  0;
}
```

本程序的运行结果如下：

```
(541 种组合情况，结果略)
 sum  is  541
```

【2.30】编写一个 C++风格的程序，输入两个整数，将它们按由小到大的顺序输出。要求使用变量的引用。

【解】实现本题功能的程序如下：

```
#include <iostream>
using namespace std;
int main()
{   void  change(int  &,int  &);
    int  a,b;
    cin>>a>>b;
    if(a>b)change(a,b);
       cout<<a<<"    "<<b<<endl;
    return  0;
}
void  change(int  &a1,int  &b1)
{   int  temp;
    temp=a1;
    a1=b1;
    b1=temp;
}
```

本程序的运行结果如下：

```
56  23↙
23    56
```

【2.31】编写 C++风格的程序，用二分法求解方程 $f(x)=0$ 的根。

【解】实现本题功能的程序如下：

```
#include <iostream>
#include <cmath>
using namespace std;
inline float f(float x)
{   return 2*x*x*x-4*x*x+3*x-6;
}
int main()
{   float left,right,middle,ym,yl,yr;
    cout<<"please two number: "<<endl;       //接收输入，确定第一组数据区域
    cin>>left>>right;
    yl=f(left);
    yr=f(right);
    do
    {   middle=(right+left)/2;
        ym=f(middle);
        if(yr*ym>0)
        {   right=middle;
            yr=ym;
        }
        else
        {   left=middle;
            yl=ym;
        }
    } while(fabs(ym)>=1e-6);
    cout<<"\nRoot is : "<<middle;
    return 0;
}
```

本程序的运行结果如下：

```
please two number:
-10 10
Root is : 2
```

说明：

本例使用了内联函数 f(x)，因为在主程序中多次调用了它，这样可以加快代码执行的速度。

第 3 章 类和对象（一）

【3.1】类声明的一般格式是什么？

【解】

类声明的一般格式如下：

```
class    类名{
    public:
        公有数据成员;
        公有成员函数;
    protected:
        保护数据成员;
        保护成员函数;
    private:
        私有数据成员;
        私有成员函数;
};
```

类的声明由关键字 class 打头，后跟类名，花括号中是类体，最后以一个分号“;”结束。

【3.2】假定 AB 为一个类，则执行“AB   x;”语句时将自动调用该类的（　　）。

A．无参构造函数　　B．有参构造函数　　C．拷贝构造函数　　D．赋值重载函数

【解】A

【3.3】对于类中定义的成员，其隐含的访问权限为（　　）。

A．public　　B．protected　　C．private　　D．static

【解】C

【3.4】类的析构函数是（　　）。

A．创建类时调用的　B．创建对象时调用的　C．删除对象时调用的　D．不自动调用的

【解】C

【3.5】假定 AB 为一个类，则该类的拷贝构造函数的原型为（　　）。

A．AB&(AB   x);　　B．AB(AB   x);　　C．AB(AB   &x);　　D．AB(AB   *x);

【解】C

【3.6】下列关于构造函数的描述中，错误的是（　　）。

A．构造函数可以设置默认参数　　B．构造函数在定义类的对象时自动执行

C．构造函数可以是内联函数　　D．构造函数不可以重载

【解】D

【3.7】假定 BC 为一个类，在下面构造函数的原型声明中存在语法错误的是（　　）。

A．BC(int a,int);　　B．int BC(int,int);

C．BC(int,int);　　D．BC(int,int y);

【解】B

【3.8】类成员的访问权限不包括（　　）。

A．private　　B．protected　　C．public　　D．friend

【解】D

【3.9】下列关于类和对象的描述中，错误的是（　　）。

A．一个对象只能属于一个类

B．对象是类的一个实例

C．一个类只能有一个对象

D．类和对象的关系与数据类型和变量的关系类似

【解】C

【3.10】若有如下类声明：

```
class A { int a; };
```

则 A 类的成员 a 是（　　）。

A．公有数据成员　　B．私有数据成员　　C．公有成员函数　　D．私有成员函数

【解】B

【3.11】在类外定义成员函数时，需要在函数名前加上（　　）。

A．对象名　　B．类名　　C．类名和作用域运算符　　D．作用域运算符

【解】C

【3.12】下列关于析构函数的描述中，错误的是（　　）。

A．析构函数有且只有一个

B．析构函数可以有参数

C．析构函数没有函数类型

D．析构函数的作用是在对象被撤销时收回其内存空间

【解】B

【3.13】下列关于构造函数的描述中正确的是（　　）。

A．构造函数可以带有返回值　　B．构造函数的名字与类名完全相同

C．构造函数必须带有参数　　D．构造函数必须定义，不能默认

【解】B

说明：

C++中对构造函数有一些规定：不能带返回值，可以不带参数，也可以省略定义，但构造函数的名字与类名必须完全相同。

【3.14】在声明类时，下面说法正确的是（　　）。

A．可以在类的声明中给数据成员赋初值

B．数据成员的数据类型可以是 register

C．private、public、protected 可以按任意顺序出现

D．没有用 private、public、protected 定义的数据成员是公有成员

【解】C

说明：

C++中没有限定 private、public、protected 的书写次序。但是，不能在类的声明中给数据成员赋初值，数据成员的数据类型也不能是 register。没有用 private、public、protected 定义的数据成员是私有成员。

【3.15】下列关于析构函数特征的描述中正确的是（　　）。

A．一个类中可以定义多个析构函数　　B．析构函数名与类名完全相同

C．析构函数不能指定返回类型　　D．析构函数可以有一个或多个参数

【解】C

说明：

C++中对析构函数也有一些规定：没有参数；不能重载；析构函数的名字是在类名前加“~”；析构函数不能指定返回类型。

【3.16】构造函数是在（　　）时被执行的。

A．程序编译　　B．创建对象　　C．创建类　　D．程序装入内存

【解】B

说明：

构造函数的工作是在创建对象时自动执行的。

【3.17】假设在程序中已经声明了类 point，并建立了其对象 p1 和 p4。请回答，以下几个语句有什么区别？

（1）point p2,p3;

（2）point p2=p1;

（3）point p2(p1);

（4）p4=p1;

【解】

语句（1）使用带默认参数的构造函数，或不带参数的构造函数，定义了 point 类的两个对象 p2 和 p3。

语句（3）在建立新对象 p2 时，用已经存在的对象 p1 去初始化新对象 p2，在这个过程中用“赋值法”调用了拷贝构造函数。

语句（2）在建立新对象 p2 时，用已经存在的对象 p1 去初始化新对象 p2，在这个过程中用“代入法”调用了拷贝构造函数。

语句（4）将对象 p1 数据成员的值拷贝到对象 p4 中，这个过程是通过默认赋值运算符函数实现的。

【3.18】写出下面程序的运行结果。

```
#include <iostream>
using  namespace  std;
class  test
{   public:
```

```
        test();
        ~test(){ };
    private:
        int i;
};
test::test()
{   i=25;
    for(int ctr=0;ctr<10;ctr++)
    {  cout<<"Counting at "<<ctr<<"\n";
    }
}
test anObject;
int main()
{   return 0;
}
```

【解】本程序的运行结果如下：

```
Counting at 0
Counting at 1
Counting at 2
Counting at 3
Counting at 4
Counting at 5
Couhting at 6
Counting at 7
Counting at 8
Counting at 9
```

说明：

在本程序中主函数 main()只包括了一个 return 语句，但竟然有内容输出！何时调用了构造函数？我们知道，构造函数在对象被定义时调用。对象 anObject 在主函数 main()之前，语句“test anObject”处被调用。

【3.19】写出下面程序的运行结果。

```
#include <iostream>
using namespace std;
class Test{
  public:
    Test()
    {  cout<<"default."<<endl;
    }
    Test(int n)
    {  val=n;
       cout<<"Con."<<endl;
    }
    Test(const Test& t)
    {  val=t.val;
       cout<<"Copy con."<<endl;
    }
  private:
    int val;
```

```
};
int  main()
{   Test  t1(6);
    Test  t2=t1;
    Test  t3;
    t3=t1;
    return  0;
}
```

【解】本程序的运行结果如下：

```
Con.
Copy  con.
default.
```

【3.20】指出下列程序中的错误，并说明原因。

```
#include <iostream>
using  namespace  std;
class  Student{
   public:
       void  printStu();
   private:
       char  name[10];
       int  age;
       float  aver;
};
int  main()
{   Student  p1,p2,p3;
    p1.age=30;
       …
    return  0;
}
```

【解】

语句“p1.age=30;”编译时出现错误。因为 age 是私有数据成员，不能直接访问。

【3.21】指出下列程序中的错误，并说明原因。

```
#include <iostream>
using  namespace  std;
class  Student{
    int  sno;
    int  age;
    void  printStu();
    void  setSno(int  d);
};
void  printStu()
{   cout<<"\nSno  is  "<<sno<<",  ";
    cout<<"age  is  "<<age<<"."<<endl;
}
void  setSno(int  s)
{   sno=s;
}
void  setAge(int  A)
{   age=a;
```

```
}
int  main()
{   Student  lin;
    lin.setSno(20021);
    lin.setAge(20);
    lin.printStu();
}
```

【解】

第 1 个错误：printStu()和 setSno 两个成员函数没有用 public 定义，不允许外部函数对对象进行操作。

第 2 个错误：成员函数在类外定义，应加上类名“Student::”。

第 3 个错误：setAge 应在类中说明，并且在类外定义时，应加上类名“Student::”。

【3.22】指出下列程序中的错误，并说明原因。

```
#include <iostream>
using  namespace  std;
class  Point{
   public:
      int  x,y;
   private:
      Point()
      {  x=1;y=2;
      }
};
int  main()
{   Point  cpoint;
    cpoint.x=2;
    return  0;
}
```

【解】

构造函数 Point 是私有的，语句“Point cpoint;”执行时出现错误。

【3.23】下面是一个计算器类的定义，请完成该类成员函数的实现。

```
class  counter{
   public:
      counter(int  number);
      void  increment();                    //给原值加 1
      void  decrement();                    //给原值减 1
      int  getvalue();                      //取得计数器值
      int  print();                         //显示计数
   private:
      int  value;
};
```

【解】

```
class  counter{
   public:
      counter(int  number);
      void  increment();                    //给原值加 1
      void  decrement();                    //给原值减 1
```

```
        int  getvalue();                        //取得计数器值
        int  print();                           //显示计数
    private:
        int  value;
};
counter::counter(int  number)
{   value=number;
}
void  counter::increment()
{   value++;
}
void  counter::decrement()
{   value--;
}
int  counter::getvalue()
{   return  value;
}
int  counter::print()
{   cout<<"value  is  "<<value<<endl;
    return  0;
}
```

【3.24】根据注释语句的提示，实现类 Date 的成员函数。

```
#include <iostream>
using  namespace  std;
class  Date  {
    public:
        void printDate();                   //显示日期
        void setDay(int  d);                //设置日的值
        void setMonth(int  m);              //设置月的值
        void setYear(int  y);               //设置年的值
    private:
        int  day,month,year;
};
int  main()
{   Date  testDay;
    testDay.setDay(5);
    testDay.setMonth(10);
    testDay.setYear(2003);
    testDay.printDate();
    return  0;
}
```

【解】

```
#include<iostream>
using  namespace  std;
class  Date  {
    public:
        void printDate();                   //显示日期
        void setDay(int  d);                //设置日的值
        void setMonth(int  m);              //设置月的值
        void setYear(int  y);               //设置年的值
```

```
  private:
      int  day,month,year;
};
void  Date::printDate()
{   cout<<"\nDate  is  "<<day<<".";
    cout<<month<<"."<<year<<endl;
}
void  Date::setDay(int  d)
{   day=d;
}
void  Date::setMonth(int  m)
{   month=m;
}
void  Date::setYear(int  y)
{   year=y;
}
int  main()
{   Date  testDay;
    testDay.setDay(5);
    testDay.setMonth(10);
    testDay.setYear(2003);
    testDay.printDate();
    return  0;
}
```

【3.25】建立类 cylinder，类 cylinder 的构造函数被传递了两个 double 值，分别表示圆柱体的半径和高度。用类 cylinder 计算圆柱体的体积，并存储在一个 double 变量中。在类 cylinder 中包含一个成员函数 vol()，用来显示每个 cylinder 对象的体积。

【解】实现本题功能的程序如下：

```
#include <iostream>
using  namespace  std;
class  cylinder{
  public:
       cylinder(double  a,double  b);
       void  vol();
   private:
       double  r,h;
       double  volume;
};
cylinder::cylinder(double  a,double  b)
{   r=a;h=b;
    volume=3.141592*r*r*h;
}
void  cylinder::vol()
{   cout<<"volume  is: "<<volume<<"\n";
}
int  main()
{   cylinder  x(2.2,8.09);
    x.vol();
    return  0;
}
```

本程序的运行结果如下：

```
volume  is: 123.011
```

【3.26】构建一个类 Stock，含字符串 stockcode 及整型数据成员 quantity、双精度型数据成员 price。构造函数含 3 个参数，当定义 Stock 的类对象时，将对象的第 1 个字符串参数赋给数据成员 stockcode，第 2 和第 3 个参数分别赋给 quantity 和 price。未设置第 2 和第 3 个参数时，quantity 的值为 1 000、price 的值为 8.98。成员函数 print()没有形参，需使用 this 指针，显示对象数据成员的内容。假设类 Stock 第 1 个对象的 3 个参数分别为"600001"、3 000 和 5.67；第 2 个对象的第 1 个数据成员的值是"600001"，第 2 和第 3 个数据成员的值取默认值。编写程序分别显示这两个对象数据成员的值。

【解】实现本题功能的程序如下：

```
#include <iostream>
#include <string>
using namespace std;
const int SIZE=80;
class Stock{
   public:
      Stock()
      {  stockcode=" ";
      }
      Stock(string code,int q=1000,double p=8.98)
      {  stockcode=code;
         quantity=q;
         price= p;
      }
      void print(void)
      {  cout<<this->stockcode;
         cout<<"   "<<this->quantity<<"   "<<this->price<<endl;
      }
   private:
      string stockcode;
      int quantity;
      double price;
};
int main()
{  Stock st1("600001",3000,5.67);
   st1.print();
   Stock st2("600002");
   st2.print();
   return 0;
}
```

本程序的运行结果如下：

```
600001   3000   5.67
600002   1000   8.98
```

第 4 章 类和对象（二）

【4.1】什么是对象数组？

【解】

所谓对象数组是指每一数组元素都是对象的数组，也就是说，若一个类有若干对象，则可以把这一系列的对象用一个数组来存放。对象数组的元素是对象，不仅具有数据成员，而且还有函数成员。

【4.2】假定 C 为一个类，则执行“C a1(20), a2[5];”语句时，自动调用该类构造函数的次数为（　　）。

A．25　　B．6　　C．2　　D．21

【解】B

【4.3】下列关于成员函数特征的描述中，错误的是（　　）。

A．成员函数可以设置参数的默认值　　B．成员函数可以重载

C．成员函数一定是内联函数　　D．成员函数可以是静态的

【解】C

【4.4】下列关于静态数据成员的描述中，正确的是（　　）。

A．类的不同对象有不同的静态数据成员值

B．类的每个对象都有自己的静态数据成员

C．静态数据成员是类的所有对象共享的数据

D．静态数据成员不能通过类的对象调用

【解】C

【4.5】下列关于静态成员函数的描述中，正确的是（　　）。

A．在静态成员函数中可以使用 this 指针

B．在建立对象前，就可以为静态数据成员赋值

C．静态成员函数在类外定义时，要用 static 前缀

D．静态成员函数只能在类外定义

【解】B

说明：

C++中规定，在建立对象前就可以为静态数据成员赋值。同时规定在静态成员函数中不能使

用 this 指针；静态成员函数在类外定义时，不需要用 static 前缀；静态成员函数既可以在类内定义也可以在类外定义。

【4.6】一个类的友元函数或友元类只能够访问该类的（　　）。

A. 公用成员　　B. 保护成员

C. 私有成员　　D. 公用成员、保护成员和私有成员

【解】D

【4.7】下面关于友元的描述中，错误的是（　　）。

A. 类与类之间的友元关系可以继承

B. 一个类的友元类中的成员函数都是这个类的友元函数

C. 友元可以提高程序的运行效率

D. 友元函数可以访问该类的私有数据成员

【解】A

【4.8】下面有关友元函数的描述中，正确的是（　　）。

A. 友元函数是独立于当前类的外部函数

B. 一个友元函数不能同时定义为两个类的友元函数

C. 友元函数必须在类的外部定义

D. 在外部定义友元函数时，必须加关键字 friend

【解】A

说明：

在 C++中友元函数是独立于当前类的外部函数，一个友元函数可以同时定义为两个类的友元函数，友元函数既可以在类的内部也可以在类的外部定义；而在外部定义友元函数时，不必加关键字 friend。

【4.9】友元的作用之一是（　　）。

A. 提高程序的运行效率　　B. 加强类的封装性

C. 实现数据的隐藏性　　D. 增加成员函数的种类

【解】A

说明：

由于友元函数可以直接访问对象的私有成员，所以友元的作用是提高程序运行的效率。

【4.10】下列的各类函数中，不能作为类的成员函数的是（　　）。

A. 友元函数　　B. 析构函数

C. 构造函数　　D. 拷贝构造函数

【解】A

【4.11】对于常成员函数，下面描述正确的是（　　）。

A. 常成员函数不能修改任何数据成员

B. 常成员函数只能修改一般数据成员

C. 常成员函数只能修改常数据成员

D. 常成员函数只能修改常对象的数据成员

【解】A

【4.12】以下程序的运行结果是（　　）。

```
#include <iostream>
using namespace std;
class B{
   public:
       B(){}
       B(int i,int j)
       {   x=i;
           y=j;
       }
       void printb()
       {  cout<<x<<","<<y<<endl;
       }
   private:
       int x,y;
};
class A{
   public:
       A()
       {  }
       A(int i,int j);
       void printa();
   private:
       B c;
};
A::A(int i,int j):c(i,j)
{  }
void A::printa()
{   c.printb();
}
int main()
{   A a(7,8);
    a.printa();
    return 0;
}
```

A. 8，9　　B. 7，8　　C. 5，6　　D. 9，10

【解】B

【4.13】以下程序的运行结果是（　　）。

```
#include <iostream>
using namespace std;
class A{
   public:
       void set(int i,int j)
       {   x=i;
           y=j;
       }
       int get_y()
       {   return y;
       }
```

```
    private:
        int x,y;
};
class box{
    private:
        int length,width;
        A label;
    public:
        void set(int l,int w,int s,int p)
        {   length=l;
            width=w;
            label.set(s,p);
        }
        int get_area()
        {   return length*width;
        }
};
int main()
{   box b;
    b.set(4,6,1,20);
    cout<<b.get_area()<<endl;
    return 0;
}
```

A．24　　B．4　　C．20　　D．6

【解】A

说明：

本题练习对象成员的应用。类 box 中的数据成员包括了类 A 的对象 lable，用于标识 box 对象在坐标上的位置。

【4.14】以下程序的运行结果是（　　）。

```
#include <iostream>
using namespace std;
class Sample{
    public:
        Sample(int i,int j)
        {   x=i;
            y=j;
        }
        void disp()
        {   cout<<"disp1"<<endl;
        }
        void disp() const
        {   cout<<"disp2"<<endl;
        }
    private:
        int x,y;
};
int main()
{   const Sample a(1,2);
```

```
   a.disp();
   return 0;
}
```

A．disp1　　B．disp2　　C．disp1 disp2　　D．程序编译出错

【解】B

如果一个对象说明为常对象，则通过该对象只能调用它的常成员函数。题中，对象 a 被定义成类 Sample 的常对象，所以通过对象 a 只能调用其常成员函数 disp()。所以程序最后输出 disp2。

【4.15】以下程序的运行结果是（　　）。

```
#include <iostream>
using namespace std;
class R{
   public:
      R(int r1,int r2)
      {  R1=r1;
         R2=r2;
      }
      void print();
      void print()  const;
   private:
      int R1,R2;
};
void R::print()
{ cout<<R1<<","<<R2<<endl;
}
void R::print() const
{  cout<<R1<<","<<R2<<endl;
}
int main()
{  R a(6,8);
   const R b(56,88);
   b.print();
   return 0;
}
```

A．6,8　　B．56,88　　C．0,0　　D．8,6

【解】B

本题中，b 为类 R 的常对象，通过 b 只能调用类 R 的常成员函数 print，输出 56，88。

【4.16】指出下面程序中的错误，并说明原因。

```
#include <iostream>
using namespace std;
class Student{
   public:
      Student()
      {  ++x;
         cout<<"\nplease input student No.";
         cin>>Sno;
      }
      static int get_x()
```

```
        {   return  x;
        }
        int  get_Sno()
        {   return  Sno;
        }
    private:
        static  int  x;
        int  Sno;
};
int  Student::x=0;
int  main()
{   cout<<Student::get_x()<<"  Student  exist\n";
    Student  stu1;
    Student  *pstu=new  Student;
    cout<<Student::get_x()<<"  Student  exist, y="<<get_Sno()<<"\n";
    cout<<Student::get_x()<<"  Student  exist, y="<<get_Sno()<<"\n";
    return  0;
}
```

【解】

以下两条语句是错误的：

```
cout<<Student::get_x()<<"  Student  exist,y="<<get_Sno()<<"\n";
cout<<Student::get_x()<<"  Student  exist,y="<<get_Sno()<<"\n";
```

错误提示: error C3861: “get_Sno”：找不到标识符。

应改为：

```
cout  <<Student::get_x()<<"  Student  exist,y="<<stu1.get_Sno()<<"\n";
cout  <<Student::get_x()<<"  Student  exist,y="<<pstu->get_Sno()<<"\n";
```

注意：非静态成员函数的调用方法与静态成员函数的调用方法不同。

【4.17】指出下面程序中的错误，并说明原因。

```
#include <iostream>
using  namespace  std;
class  CTest{
   public:
      const int y2;
      CTest(int  i1,int  i2): y1(i1),y2(i2)
      {   y1=10;
          x=y1;
      }
      int  readme()  const;
      //…
   private:
      int  x;
      const  int  y1;
};
int  CTest::readme()  const
{   int  i;
    i=x;
    x++;
    return  x;
}
```

```
int  main()
{   CTest  c(2,8);
    int  i=c.y2;
    c.y2=i;
    i=c.y1;
    return  0;
}
```

【解】

```
#include <iostream>
using  namespace  std;
class  CTest{
    public:
        const  int  y2;
        CTest(int  i1,int  i2):y1(i1),y2(i2)
        {   y1=10;          //错误，  y1是用const定义的，不能修改
            x=y1;
        }
        int  readme()  const;
         //...
    private:
        int  x;
        const  int  y1;
};
int  CTest::readme()  const
{   int  i;
    i=x;
    x++;                    //错误，函数定义用了const，表示该函数不能修改对象
    return  x;
}
int  main()
{   CTest  c(2,8);
    int  i=c.y2;
    c.y2=i;                 //错误，y2是常量，不能修改
    i=c.y1;                 //错误，y1私有变量，不能直接存取
    return  0;
}
```

【4.18】指出下面程序中的错误，并说明原因。

```
#include <iostream>
using  namespace  std;
class  CTest{
    public:
        CTest()
        {   x=20;
        }
        void  use_friend();
    private:
        int  x;
        friend  void  friend_f(CTest  fri);
};
void  friend_f(CTest  fri)
```

```
{   fri.x=55;
}
void  CTest::use_friend()
{   CTest  fri;
    this->friend_f(fri);
    ::friend_f(fri);
}
int  main()
{   CTest  fri,fri1;
    fri.friend_f(fri);
    friend_f(fri1);
    return  0;
}
```

【解】

```
#include <iostream>
using  namespace  std;
class  CTest{
   public:
      CTest()
      {   x=20;
      }
      void  use_friend();
   private:
      int  x;
      friend  void  friend_f(CTest  fri);
};
void  friend_f(CTest  fri)
{   fri.x=55;
}
void  CTest::use_friend()
{   CTest  fri;
    this->friend_f(fri);       //错误，友元函数不是成员函数，
                               //所以不能用 this->调用友元函数
    ::friend_f(fri);
}
int  main()
{   CTest  fri,fri1;
    fri.friend_f(fri);         //错误友元函数不是成员函数，
                               //所以不能用“对象.函数名”调用友元函数
    friend_f(fri1);
    return  0;
}
```

【4.19】指出下面程序中的错误，并说明原因。

```
#include <iostream>
using  namespace  std;
class  CTest{
   public:
      CTest()
      {   x=20;
      }
```

```
      void  use_this();
   private:
      int  x;
};
void  CTest::use_this()
{   CTest  y,*pointer;
    this=&y;
    *this.x=10;
    pointer=this;
    pointer=&y;
}
int  main()
{   CTest  y;
    this->x=235;
    return  0;
}
```

【解】

```
#include <iostream>
using  namespace  std;
class  CTest{
    public:
        CTest()
        {   x=20;
        }
        void  use_this();
    private:
            int  x;
};
void  CTest::use_this()
{   CTest  y,*pointer;
    this=&y;                  //错误，不能对 this 直接赋值
    *this.x=10;               //错误，按优先级原句的含义是*(this.x)=10，显然不对
                              //正确的写法是(*this).x=10;或 this->x=10;
    pointer=this;
    pointer=&y;
}
int  main()
{   CTest  y;
    this->x=235;              //错误，this 的引用不能在外部函数中，只能在内部函数中
    return  0;
}
```

【4.20】写出下面程序的运行结果。

```
#include <iostream>
using  namespace  std;
class  toy
{
    public:
       toy(int  q,int  p)
       {   quantity=q;
           price=p;
```

```
        }
        int  get_quantity()
        {  return  quantity;
        }
        int  get_price()
        {  return  price;}
    private:
        int  quantity,price;
};
int  main()
{  toy  op[3][2]={
        toy(10,20),toy(30,48),
        toy(50,68),toy(70,80),
        toy(90,16),toy(11,120)};
   for(int  i=0;i<3;i++)
   {  cout<<op[i][0].get_quantity()<<",";
      cout<<op[i][0].get_price()<<"\n";
      cout<<op[i][1].get_quantity()<<",";
      cout<<op[i][1].get_price()<<"\n";
   }
   cout<<endl;
   return  0;
}
```

【解】本程序的运行结果如下：

```
10,20
30,48
50,68
70,80
90,16
11,120
```

【4.21】写出下面程序的运行结果。

```
#include <iostream>
using  namespace  std;
class  example
{
    public:
        example(int  n)
        {  i=n;
           cout<<"Constructing\n";
        }
        ~example()
        {  cout<<"Destructing\n";
        }
        int  get_i()
        {   return  i;
        }
    private:
        int  i;
};
int  sqr_it(example  o)
```

```
{   return  o.get_i()*  o.get_i();
}
int  main()
{   example  x(10);
    cout<<x.get_i()<<endl;
    cout<<sqr_it(x)<<endl;
    return  0;
}
```

【解】本程序的运行结果如下：

```
Constructing
10
Destructing
100
Destructing
```

说明：

读者一定看出来了，本程序执行时构造函数只被调用了一次，但是，析构函数却被调用了两次。构造函数的调用发生在生成对象 x 时；析构函数的调用，第 1 次出现在执行函数 sqr_it 结束时，第 2 次出现在整个程序运行结束时。

在调用函数 sqr_it()进行实参和形参结合时，调用了拷贝构造函数（由于没有显式定义拷贝构造函数，这时调用的是系统自动生成的默认拷贝构造函数），对形参对象 o 进行初始化。当函数 sqr_it()执行终止，对象 o 被撤销时，第 2 次调用了析构函数。

【4.22】写出下面程序的运行结果。

```
#include <iostream>
using namespace std;
class  aClass
{
   public:
      aClass()
      {   total++;}
      ~aClass()
      {   total--;}
      int  gettotal()
      {   return  total;}
   private:
      static  int  total;
};
int  aClass::total=0;
int  main()
{  aClass  o1,o2,o3;
   cout<<o1.gettotal()<<" objects  in  existence\n";
   aClass  *p;
   p=new  aClass;
   if(!p)
   {  cout<<"Allocation  error\n";
      return  1;
   }
   cout<<o1.gettotal();
```

```
    cout<<" objects in existence after allocation\n";
    delete p;
    cout<<o1.gettotal();
    cout<<" objects in existence after deletion\n";
    return 0;
}
```

【解】本程序的运行结果如下：

```
3 objects in existence
4 objects in existence after allocation
3 objects in existence after deletion
```

说明：

这个程序使用静态数据成员追踪记载创建对象的个数。完成这一工作的方法就是每创建一个对象就调用构造函数一次。每调用构造函数一次，静态数据成员 total 就增加 1。每撤销一个对象就调用析构函数一次。每调用析构函数一次，静态数据成员 total 就减少 1。

【4.23】写出下面程序的运行结果。

```
#include <iostream>
using namespace std;
class test
{
   public:
      test();
      ~test(){ };
   private:
      int i;
};
test::test()
{  i=25;
   cout<<"Here's the program output. \n";
   cout<<"Let's generate some stuff...\n";
   for(int ctr=0;ctr<10;ctr++)
   {  cout<<"Counting at "<<ctr<<"\n";
   }
}
test anObject;
int main()
{  return 0;
}
```

【解】本程序的运行结果如下：

```
Here's the program output.
Let's generate some stuff...
Counting at 0
Counting at 1
Counting at 2
Counting at 3
Counting at 4
Counting at 5
Counting at 6
Counting at 7
```

```
Counting at 8
Counting at 9
```

说明：

在本程序中 main()只包括了一个 return 语句，但竟然有内容输出！何时调用了构造函数？我们知道，构造函数在对象被定义时调用。那么对象 anObject 是何时被调用的呢？在 main()之前，语句“test anObject”处。因此，anObject 的构造函数是先于 main()被调用的。在 main()之前的所有全局变量都是在 main()开始之前就建立的。

应该尽可能避免使用全局变量，因为全局变量有可能引起名称冲突，使程序的执行结果和预想的不一样。

【4.24】构建一个类 book，其中含有两个私有数据成员 qu 和 price，建立一个有 5 个元素的数组对象，将 qu 初始化为 1～5，将 price 初始化为 qu 的 10 倍。显示每个对象的 qu*price。

【解】实现本题功能的程序如下：

```
#include <iostream>
using namespace std;
class book
{
   public:
      book(int a,int b)
      {  qu=a;
         price=b;
      }
      void show_money()
      {  cout<<qu*price<<"\n";}
   private:
      int qu,price;
};
int main()
{  book ob[5]={
      book(1,10),book(2,20),
      book(3,30),book(4,40),book(5,50)
   };
   int i;
   for(i=0;i<5;i++) ob[i].show_money();
      return 0;
}
```

本程序的运行结果如下：

```
10
40
90
160
250
```

【4.25】修改上题，通过对象指针访问对象数组，使程序以相反的顺序显示对象数组的 qu*price。

【解】实现本题功能的程序如下：

```
#include <iostream>
using namespace std;
class book
```

```
{
   public:
      book(int  a,int  b)
      {   qu=a;
          price=b;
      }
      void  show_money()
      {   cout<<qu*price<<"\n";}
   private:
      int  qu,price;
};
int  main()
{   book  ob[5]={
       book(1,10),book(2,20),
       book(3,30),book(4,40),
       book(5,50)
    };
    int  i;
    book  *p;
    p=&ob[4];
    for(i=0;i<5;i++)
    {p->show_money();p--;}
    return  0;
}
```

本程序的运行结果如下：

```
250
160
90
40
10
```

【4.26】使用C++的类建立一个简单的卖玩具的程序。类内必须具有玩具单价、售出数量以及每种玩具售出的总金额等数据，并为该类建立一些必要的函数，并在主程序中使用对象数组建立若干带有单价和售出数量的对象，显示每种玩具售出的总金额。

【解】实现本题功能的程序如下：

```
#include <iostream>
using  namespace  std;
class  toy
{
   public:
      toy(){  }
      toy(int  p,int  c)
      {   Price=p;
          Count=c;
      }
      void  Input(int  P,int  C);
      void  Compute();
      void  Print();
   private:
      int  Price;
```

```
        int  Count;
        long  Total;
};
void  toy::Input(int  P,int  C)
{   Price=P;
   Count=C;
}
void  toy::Compute()
{   Total=(long)  Price*Count;
}
void  toy::Print()
{   cout<<"Price="<<Price  <<"          Count="<<Count
        <<"             Total="<<Total  <<"\n";
}
int  main()
{   toy  te(2,100);                 //测试构造函数
    toy*  ob;
    ob=new  toy[6];
    ob[0].Input(25,130);
    ob[1].Input(30,35);
    ob[2].Input(15,20);
    ob[3].Input(25,120);
    ob[4].Input(45,10);
    ob[5].Input(85,65);
    for(int  i=0;i<6;i++)
       ob[i].Compute();
    for(int i=0;i<6;i++)
       ob[i].Print();
    delete  ob;
    return  0;
}
```

本程序的运行结果如下：

```
Price=25          Count=130          Total=3250
Price=30          Count=35           Total=1050
Price=15          Count=20           Total=300
Price=25          Count=120          Total=3000
Price=45          Count=10           Total=450
Price=85          Count=65           Total=5525
```

【4.27】构建一个类 Stock，含字符数组 stockcode[]及整型数据成员 quan、双精度型数据成员 pricc。构造函数含 3 个参数：字符数组 na[]及 q、p。当定义 Stock 的类对象时，将对象的第 1 个字符串参数赋给数据成员 stockcode，第 2 和第 3 个参数分别赋给 quantity、price。未设置第 2 和第 3 个参数时，quantity 的值为 1000，price 的值为 8.98。成员函数 print()使用 this 指针，显示对象内容。

【解】实现本题功能的程序如下：

```
#include <iostream>
using  namespace  std;
const  int  SIZE=80;
class  Stock{
```

```
    public:
        Stock()
        {   strcpy(stockcode,"  ");
        }
        Stock(char  code[],int  q=1000,double  p=8.98)
        {   strcpy(stockcode,code);
            quantity=q;
            price=p;
        }
        void  print(void)
        {   cout<<this->stockcode;
            cout<<"    "<<this->quantity<<"    "<<this->price<<endl;
        }
    private:
        char  stockcode[SIZE];
        int  quantity;
        double  price;
};
int  main()
{   Stock  st1("600001",3000,8.89);
    st1.print();
    Stock  st2;
    char  stockc[]="600002";
    st2=stockc;
    st2.print();
    return  0;
}
```

本程序的运行结果如下：

```
600001    3000    8.89
600002    1000    8.98
```

【4.28】编写一个有关股票的程序，其中有两个类：一个是深圳类 shen_stock，另一个是上海类 shang_stock。类中有三项私有数据成员：普通股票个数 general、ST 股票个数 st 和 PT 股票个数 pt，每一个类分别有自己的友元函数来计算并显示深圳或上海的股票总数（三项的和）。两个类还共用一个 count()，用来计算深圳和上海总共有多少股票并输出。

【解】实现本题功能的程序如下：

```
#include <iostream>
using  namespace  std;                          //向前引用
class  shen_stock;                              //深圳类
class  shang_stock                              //上海类
{
    public:
        shang_stock(int  g,int  s,int  p);      //构造函数
        friend  void  shang_count(const   shang_stock  ss);
                                    //计算上海的股票总数
        friend  void  count(const  shang_stock  ss,const  shen_stock  zs);
                                    //计算上海和深圳的股票总数
    private:
        int  general;               //普通股票个数
```

```
        int  st;                    //ST 股票个数
        int  pt;                    //PT 股票个数
};
shang_stock:: shang_stock(int  g,int  s,int  p)          //构造函数
{   general=g;
    st=s;
    pt=p;
}
class  shen_stock  {
    public:
        shen_stock(int  g,int  s,int  p  );       //构造函数
        friend  void  shen_count(const   shen_stock  es);
                                    //计算深圳的股票总数
        friend  void  count(const   shang_stock ss,const shen_stock  zs);
                                    //计算上海和深圳的股票总数
    private:
        int  general;               //普通股票个数
        int  st;                    //ST 股票个数
        int  pt;                    //PT 股票个数
};
shen_stock::shen_stock(int  g,int  s,int  p)     //构造函数
{   general=g;
    st=s;
    pt=p;
}
int  main()
{   shang_stock  shanghai(1600,20,10);           //建立对象
        //表示上海有 1600 支普通股票,20 支 ST 股票,  10 支 PT 股票
    shen_stock  shenzhen(1500,15,8);             //建立对象
        //表示深圳有 1500 支普通股票,15 支 ST 股票,8 支 PT 股票
    shang_count(shanghai);          //计算上海的股票总数
    shen_count(shenzhen);           //计算深圳的股票总数
    count(shanghai,shenzhen);       //计算上海和深圳的股票总数
    return  0;
}
void  shang_count(const  shang_stock  ss)        //计算上海的股票总数
{  cout<<"stocks  of  shanghai  are  "<<ss.general+ss.st+ss.pt<<endl;
}
void  shen_count(const  shen_stock  es)          //计算深圳的股票总数
{ cout<<"stocks  of  shanghai  are  "<<es.general+es.st+es.pt<<endl;
}
void  count(const  shang_stock  ss,const  shen_stock  es)
                                    //计算上海和深圳的股票总数
{
    int  s;
    s=es.general+es.st+es.pt+  ss.general+ss.st+ss.pt;
    cout<<"stocks  of  shanghai  and  shenzhen  "<<s<<endl;
}
```

本程序的运行结果如下：

```
stocks  of  shanghai  are  1630
```

```
stocks of shanghai are 1523
stocks of shanghai and shenzhen 3153
```

【4.29】编写一个程序，已有若干图书的数据，包括书名、作者、出版社、书号和定价。要求输出这些书的数据，并计算出书的数量和总价格（用静态数据成员表示）。

【解】实现本题功能的程序如下：

```
#include <iostream>
#include <string>
using namespace std;
class Book{
   public:
      Book (string b1,string a1,string p1,string bn1,double pr1 )
      {  bookname=b1;
         author=a1;
         publisher=p1;
         booknumber=bn1;
         price=pr1;
         sum+=pr1;
         num++;
      }
      static double pri()
      {   return sum;
      }
      static int total()
      {   return num;
      }
      void disp()
      {   cout<<endl;
          cout<<bookname<<"  "<<author<<"  "<<publisher<<"  ";
          cout<<booknumber<<"  "<<price ;
      }
      static double sum;      //总价
      static int num;         //数量

   private:
      string bookname;        //书名
      string author;          //作者
      string publisher;       //出版社
      string booknumber;      //书号
      double price;           //定价

};
double Book::sum=0;
int Book::num=0;
int main()
{  Book book1("面向对象程序设计","陈维兴","××出版社","978***1",32);
   cout<<"书名                作者    出版社      书号      定价";
   book1.disp();
   Book book2("C程序设计","林小茶","××出版社","978***2",36);
   book2.disp();
```

```
    Book book3("C++面向对象程序设计","吴克","××出版社","978***3",39.8);
    book3.disp();
    cout<<endl;
    cout<<"书的数量="<< Book::num<<endl;
    cout<<"总价="<< Book::sum;
    return  0;
}
```

本程序的运行结果如下：

```
书名             作者     出版社       书号        定价
面向对象程序设计  陈维兴   ××出版社  978***1     32
C程序设计 林小茶   ××出版社  978***2     36
C++面向对象程序设计   吴克    ××出版社  978***3     39.8
书的数量=3
总价=107.8
```

【4.30】编写一个程序，输入若干用户的用户名和密码，密码输入时不能显示输入结果，记录用户个数，最后将输入信息输出。（用静态数据成员表示用户的个数）

```
#include <iostream>
#include <string>
#include <conio.h>
using namespace std;
class User {
  public:
     User();
     ~User();
     static int Getcount();
     void input();
     void output();
  private:
     string ID;
     char pwd[11];
     static int count;
};
int User ::count=0;
User:: User()
   {
     count++;
     ID="";
     pwd[0]= '\0';
}
User:: ~User()
{
   count--;
}
int User:: Getcount()
{   return count;
}
void User::input()
{  char temp;
   char passw[11];
```

```
    int i=0;
    cout<<"\n请输入用户名: ";
    cin>>ID;
    cout<<"请输入密码: ";
    temp=getch();
    while(temp!='\r'&&i<10)
    {
      passw[i]=temp;i++;
      cout<<"*";
      temp=getch();
    }
    passw[i]='\0';
    strcpy(pwd,passw);
}
void User::output()
{
     cout<<"用户名"<<ID<<endl;
     cout<<"密码"<<pwd<<endl;
}
int main()
{
     cout<<"登录的用户数为: "<<User:: Getcount()<<endl;
     User obj;
     obj. input();
     cout<<"\n登录的用户数为: "<<User:: Getcount();
     User A[3];
     for(int i=0;i<3;i++)
         A[i].input();
     cout<<"\n登录的用户数为:" << User:: Getcount()<<endl;;
     obj. output();
     for(int i=0;i<3;i++)
         A[i].output();
}
```

程序运行结果如图 1-4 所示。

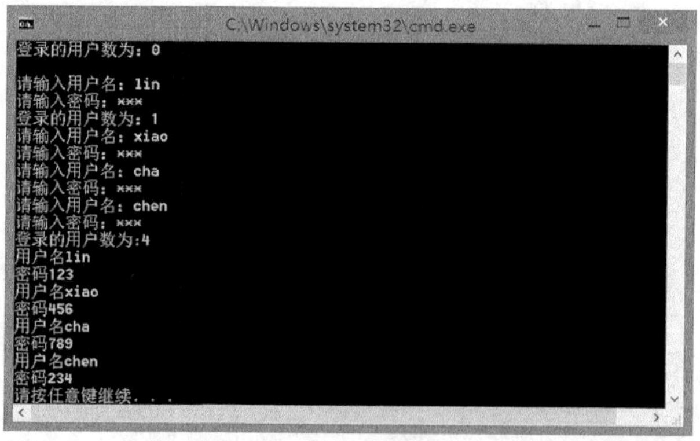

图 1-4　题 4.30 的程序运行情况

第5章 继承与派生

【5.1】有哪几种继承方式？每种方式的派生类对基类成员的继承性如何？

【解】

类的继承方式有 public（公有）、protected（保护）和 private（私有）三种，不同的继承方式导致不同访问属性的基类成员在派生类中的访问属性也有所不同。表 1-1 列出了基类成员在派生类中的访问属性。

表 1-1 基类成员在派生类中的访问属性

基类中的成员	在公有派生类中的访问属性	在私有派生类中的访问属性	在保护派生类中的访问属性
私有成员	不可直接访问	不可直接访问	不可直接访问
公有成员	公有	私有	保护
保护成员	保护	私有	保护

从表中不难归纳出以下几点：

（1）基类中的私有成员。

无论哪种继承方式，基类中的私有成员不允许派生类继承，即在派生类中是不可直接访问的。

（2）基类中的公有成员。

当类的继承方式为公有继承时，基类中的所有公有成员在派生类中仍以公有成员的身份出现，在派生类内部和派生类外部都可以访问这些成员。

当类的继承方式为私有继承时，基类中的所有公有成员在派生类中都以私有成员的身份出现，在派生类内可以访问这些成员，但派生类外部不能访问它们。

当类的继承方式为保护继承时，基类中的所有公有成员在派牛类中都以保护成员的身份出现，在派生类内可以访问这些成员，但派生类外部不能访问它们，而在下一层派生类内可以访问它们。

（3）基类中的保护成员。

当类的继承方式为公有继承时，基类中的所有保护成员在派生类中仍以保护成员的身份出现，在派生类内可以访问这些成员，但派生类外部不能访问它们，而在下一层派生类内可以访问它们。

当类的继承方式为私有继承时，基类中的所有保护成员在派生类中都以私有成员的身份出现，在派生类内可以访问这些成员，但派生类外部不能访问它们。

当类的继承方式为保护继承时，基类中的所有保护成员在派生类中仍以保护成员的身份出现，在派生类内可以访问这些成员，但派生类外部不能访问它们，而在下一层派生类内可以访问它们。

【5.2】派生类能否直接访问基类的私有成员？若不能，应如何实现？

【解】

派生类不能直接访问基类的私有成员，但是可以通过基类提供的公有成员函数间接地访问基类的私有成员。

【5.3】保护成员有哪些特性？保护成员以公有方式或私有方式被继承后的访问特性如何？

【解】

当类的继承方式为公有继承时，基类中的所有保护成员在派生类中仍以保护成员的身份出现，在派生类内可以访问这些成员，但派生类外部不能访问它们，而在下一层派生类内可以访问它们。

当类的继承方式为私有继承时，基类中的所有保护成员在派生类中都以私有成员的身份出现，在派生类内可以访问这些成员，但派生类外部不能访问它们。

【5.4】派生类构造函数和析构函数的调用顺序是怎样的？

【解】

通常情况下，当创建派生类对象时，首先调用基类的构造函数，随后再调用派生类的构造函数；当撤销派生类对象时，则先调用派生类的析构函数，随后再调用基类的析构函数。

【5.5】什么是多继承？多继承时，构造函数和析构函数调用顺序是怎样的？

【解】

当一个派生类具有多个基类时，这种派生方法称为多继承。

多重继承的构造函数的执行顺序与单继承构造函数的执行顺序相同，也是遵循先调用基类的构造函数，再调用对象成员的构造函数，最后调用派生类构造函数体的原则。处于同一层次的各个基类构造函数的调用顺序，取决于声明派生类时所指定的各个基类的顺序，与派生类构造函数中所定义的成员初始化列表的各项顺序没有关系。析构函数的调用顺序则刚好与构造函数的执行顺序相反。

【5.6】使用派生类的主要原因是（　　）。

A. 提高代码的可重用性　　B. 提高程序的运行效率

C. 加强类的封装性　　D. 实现数据的隐藏

【解】A

说明：

通过派生类的使用，可以通过增加少量代码的方法得到新的类，从而解决代码的重用问题。

【5.7】假设已经定义好了一个类 student，现在要定义类 derived，它是从 student 私有派生的，定义类 derived 的正确写法是（　　）。

A. clase　derived::student　private{…};

B. clase　derived::student　public{…};

C. clase　derived::private　student{…};

D. clase　derived::public　student{…};

【解】C

【5.8】在多继承构造函数定义中，几个基类构造函数用（　　）分隔。

A. :　　B. ;　　C. ,　　D. ::

【解】C

【5.9】设置虚基类的目的是（　　）。

A. 简化程序　　B. 消除二义性　　C. 提高运行效率　　D. 减少目标代码

【解】B

【5.10】若派生类的成员函数不能直接访问基类中继承来的某个成员，则该成员一定是基类中的（　　）。

A. 私有成员　　B. 公有成员

C. 保护成员　　D. 保护成员或私有成员

【解】A

【5.11】类的保护成员，不可以让（　　）来直接访问。

A. 该类的成员函数　　B. 主函数

C. 该类的友元函数　　D. 该类的派生类

【解】B

【5.12】保护继承时，基类的（　　）在派生类中成为保护成员，不能通过派生类的对象来直接访问该成员。

A. 任何成员　　B. 公有成员和保护成员

C. 保护成员和私有成员　　D. 私有成员

【解】B

【5.13】写出下面程序的运行结果。

```
#include <iostream>
using namespace std;
class B1{
   public:
      B1(int i)
      {  b1=i;
         cout<<"Constructor B1. "<<endl;
      }
      void Print()
      {  cout<<b1<<endl;
      }
   private:
      int b1;
};
class B2{
   public:
      B2(int i)
      {  b2=i;
         cout<<"Constructor B2. "<<endl;
      }
      void Print()
      {  cout<<b2<<endl;
      }
   private:
      int b2;
```

```
};
class  A:public  B2,public  B1{
    public:
        A(int  i,int  j,int  l);
        void  Print();
    private:
        int  a;
};
A::A(int  i,int  j,int  l):B1(i),B2(j)
{   a=l;
    cout<<"Constructor  A.  "<<endl;
}
void  A::Print()
{   B1::Print();
    B2::Print();  cout<<a<<endl;
}
int  main()
{   A  aa(3,2,1);
    aa.Print();
    return  0;
}
```

【解】本程序的运行结果如下：

```
Constructor  B2.
Constructor  B1.
Constructor  A.
3
2
1
```

【5.14】写出下面程序的运行结果。

```
#include <iostream>
using  namespace  std;
class  A{
    private:
        int  a;
    public:
        A()
        {   a=0;  }
        A(int  i)
        {   a=i;}
        void  Print()
        {   cout<<a<<",";
        }
};
class  B:public  A{
    private:
        int  b1,b2;
    public:
        B()
        {   b1=0;b2=0;
        }
```

```
        B(int  i)
        {   b1=i;b2=0;
        }
        B(int  i,int  j,int  k):A(i),b1(j),b2(k)
        {  }
        void  Print()
        {   A::Print();
            cout<<b1<<","<<b2<<endl;
        }
};
int  main()
{   B  ob1,ob2(1),ob3(3,6,9);
    ob1.Print();
    ob2.Print();
    ob3.Print();
    return  0;
}
```

【解】本程序的运行结果如下：

```
0,  0,  0
0,  1,  0
3,  6,  9
```

【5.15】给出下面的基类：

```
class  area_cl  {
    protected:
        double  height;
        double  width;
    public:
        area_cl(double  r,double  s)
        {   height=r;width=s;}
        virtual  double  area()=0;
};
```

要求：

（1）建立基类 area_cl 的两个派生类 rectangle 与 isosceles，让每一个派生类都包含一个函数 area()，分别用来返回矩形与三角形的面积。用构造函数对 height 与 width 进行初始化。

（2）写出主程序，用来求 height 与 width 分别为 10.0 与 5.0 的矩形面积，以及求 height 与 width 分别为 4.0 与 6.0 的三角形面积。

（3）要求通过使用基类指针访问虚函数的方法（即运行时的多态性）分别求出矩形和三角形面积。

【解】实现本题功能的程序如下：

```
#include <iostream>
using  namespace  std;
class  area_cl{
    protected:
        double  height;
        double  width;
    public:
        area_cl(double  r,double  s)
```

```
        {   height=r;
            width=s;
        }
        virtual  double  area()=0;
};
class  rectangle:public  area_cl{
    public:
        rectangle(double  r,double  s):area_cl(r,s)
        {   };
        double  area()
        {   return  height*width;
        }
};
class  isosceles:public  area_cl{
    public:
        isosceles(double  r,double  s):area_cl(r,s)
        {  };
        double  area(){return  height*width/2;}
};
int  main()
{   area_cl  *p;
    rectangle  b(10.0,5.0);
    isosceles  i(4.0,6.0);
    p=&b;
    cout<<"The  rectangle's  area  is  "<<p->area()<<endl;
    p=&i;
    cout<<"The  isoceles's  area  is  "<<p->area()<<endl;
    return  0;
}
```

本程序的运行结果如下：

```
The  rectangle's  area  is  50
The  isoceles's  area  is  12
```

【5.16】已有类 Time 和 Date，要求设计一个派生类 Birthtime，它继承类 Time 和类 Date，并且增加一个数据成员 Childname 用于表示小孩的名字，同时设计主程序显示一个小孩的出生时间和名字。

```
class  Time{
    public:
        Time(int  h,int  m,int  s)
        {   hours=h;
            minutes=m;
            seconds=s;
        }
        void  display()
        {   cout<<"出生时间:"<<hours<<"时"<<minutes<<"分"<<seconds<<"秒
            "<<endl;
        }
    protected:
        int  hours,minutes,seconds;
};
```

```
class  Date{
   public:
      Date(int  m,int  d,int  y)
      {   month=m;
         day=d;
         year=y;
      }
      void  display()
      {  cout<<"出生年月: "<<year<<"年"<<month<<"月"<<day<<"日"<<endl;
      }
   protected:
      int  month,day,year;
};
```

【解】修改后的程序如下：

```
#include <iostream>
using  namespace  std;
class  Time{
   public:
      Time(int  h,int  m,int  s)
      {   hours=h;
         minutes=m;
         seconds=s;
      }
      void  display()
      {   cout<<"出生时间: "<<hours<<"时"<<minutes<<"分"<<seconds;
         cout <<"秒"<<endl;
      }
   protected:
      int  hours,minutes,seconds;
};
class  Date{
   public:
      Date(int  m,int  d,int  y)
      {   month=m;
         day=d;
         year=y;
      }
      void  display()
      {   cout<<"出生年月:"<<year<<"年"<<month<<"月"<<day<<"日"<<endl;
      }
   protected:
      int  month,day,year;
};
class  Birthtime:public  Time,public  Date  {
   public:
      Birthtime(char  *Cn,int yy,int mm,int dd,int hh,int mint,int ss)
               :Time  (hh,mint,ss),Date(mm,dd,yy)
      {   strcpy(Childname,Cn);  }
      void  display()
      {   cout<<"姓名: "<<Childname<<endl;
```

```
            Date::display();
            Time::display();
        }
    protected:
        char  Childname[20];
};
int  main()
{   Birthtime  yx("王小明",1988,7,2,12,0,30);
    yx.display();
    return  0;
}
```

本程序的运行结果如下：

```
姓    名: 王小明
出生年月: 1988 年 7 月 2 日
出生时间: 12 时 0 分 30 秒
```

【5.17】设计职员类，它继承了 Person 类并组合了 Date 类。编写主程序显示职员数据如下：

```
姓名: 杨萍
出生日期: 1988.10.6
性别: 女
工作部门: 团委
职务: 团委书记
工资: 6000
```

【解】实现本题功能的程序如下：

```
#include <iostream>
#include <string>
using namespace std;
class  Date{
   public:
       Date(int  y,int  m,int  D)
       {
           year=y;
           month=m;
           day=d;
       }
       void  display()
       {   cout<<year<<"年"<<month<<"月"<<day<<"日"<<endl;
       }
   protected:
       int  month,day,year;
};
class Person{
    public:
        Person(string name1,int  y,int  m,int  d,string sex1):da(y,m,d)
        {
            name=name1;
            sex=sex1;
        }
```

```
        void show()
        {
            cout<<"姓名:"<<name<<endl;
            cout<<"生日:";
            da.display();
            cout<<"性别:"<<sex<<endl;
        }
    private:
        string name;
        Date da;
        string sex;
};
class Staff_member:public Person{    //声明公有派生类Staff_member
    public:
        Staff_member(string  name1,int  y,int  m,int  d,string  sex1,string
department1,string  duty1,double salary1);
        ~Staff_member();
        void show();
    protected:
        string department;              //工作部门
        string duty;                    //职务
        double salary;                  //工资
};
Staff_member::Staff_member(string name1,int y,int m,int d,string sex1, string
department1,string  duty1,double  salary1):Person(name1,y,m,d,sex1)
                                //定义派生类构造函数时,缀上基类的构造函数
{
    department=department1;
    duty=duty1;
    salary=salary1;
}
Staff_member::~ Staff_member ()
{  }
void Staff_member::show()
{  Person::show();
    cout<<"工作部门: "<<department<<endl;
    cout<<"职务: "<<duty<<endl;
    cout<<"工资: "<<salary<<endl;
}
int main()
{
    Person p("杨萍",1988,10,6,"女");
    p.show();
    cout<<endl;
    Staff_member sta1("杨萍",1988,10,6, "女","团委","团委书记",6000);
    sta1.show();
}
```

程序运行结果如图 1-5 所示。

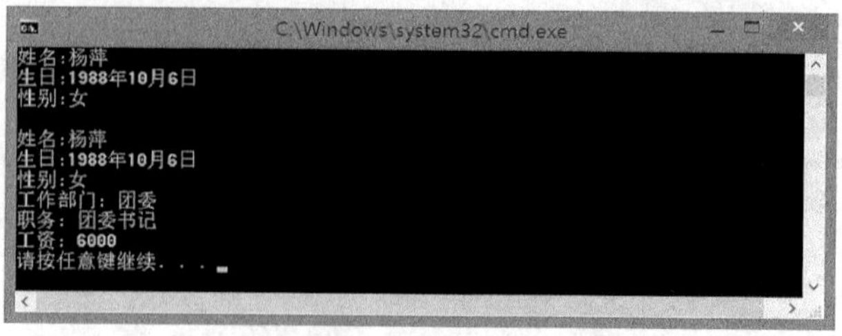

图 1-5　题 5.17 的程序运行情况

第 6 章 多态性与虚函数

【6.1】编译时的多态性与运行时的多态性有什么区别？它们的实现方法有什么不同？

【解】

静态联编支持的多态性称为编译时多态性，也称静态多态性。在 C++中，编译时多态性是通过函数重载（包括运算符重载）和模板实现的。

动态联编所支持的多态性称为运行时多态性，也称动态多态性。在 C++中，运行时多态性是通过虚函数来实现的。

【6.2】实现编译时的多态性要使用（　　）。

A．重载函数　　B．析构函数　　C．构造函数　　D．虚函数

【解】A

【6.3】实现运行时的多态性要使用（　　）。

A．重载函数　　B．析构函数　　C．构造函数　　D．虚函数

【解】D

【6.4】关于虚函数，正确的描述是（　　）。

A．构造函数不能是虚函数　　B．析构函数不能是虚函数

C．虚函数可以是友元函数　　D．虚函数可以是静态成员函数

【解】A

说明：

C++规定构造函数不能是虚函数，而析构函数可以是虚函数。

【6.5】要实现动态联编，派生类中的虚函数（　　）。

A．返回的类型可以与虚函数的原型不同　　B．参数个数可以与虚函数的原型不同

C．参数类型可以与虚函数的原型不同　　D．以上都不对

【解】D

说明：

C++规定虚函数在派生类中重新定义时，其函数原型（包括函数类型、函数名、参数个数、参数类型的顺序）都必须与基类中的原型完全相同。

【6.6】如果在基类中将 show()声明为不带返回值的纯虚函数，正确的写法是（　　）。

A．virtual　show()=0;　　B．virtual　void　show();

C. virtual void show()=0; D. void show()=0 virtual;

【解】C

说明：

“virtual show()=0;”表示是 show()是纯虚函数，但没指定不带返回值，所以是错误的；“virtual void show();”未表明 show 是纯虚函数，所以也是错误的；“void show()=0 virtual;”把 virtual 的位置写错了。正确的答案应该是“virtual void show()=0;”。

【6.7】如果一个类至少有一个纯虚函数，那么该类称为（　　）。

A. 抽象类 B. 虚基类 C. 派生类 D. 以上都不对

【解】A

【6.8】下列关于纯虚函数与抽象类的描述中，错误的是（　　）。

A. 纯虚函数是一种特殊的函数，它允许没有具体的实现

B. 抽象类是指具有纯虚函数的类

C. 一个基类的说明中有纯虚函数，该基类的派生类一定不再是抽象类

D. 抽象类只能作为基类来使用，其纯虚函数的实现由派生类给出

【解】C

说明：

如果在抽象类的派生类中没有重新说明纯虚函数，则该函数在派生类中仍然为纯虚函数，而这个派生类仍然还是一个抽象类。

【6.9】有如下程序：

```
#include <iostream>
using namespace std;
class shapes
{   protected:
        int x,y;
    public:
        void setvalue(int d,int w=0)
        {  x=d;
           y=w;
        }
        virtual void disp()=0;

};
class square:public shapes{
    public:
        void disp()
        {  cout<<x*y<<endl;
        }
};
int main()
{   shapes *ptr;
    square s1;
    ptr=&s1;
    ptr->setvalue(10,5);
    ptr->disp();
```

```
    return  0;
}
```

执行上面的程序将输出（　　）。

A. 50　　B. 5　　C. 10　　D. 15

【解】A

【6.10】下面的程序段中虚函数被重新定义的方法正确吗？为什么？

```
class  base  {
    public:
        virtual  int  f(int  a)=0;
        …
};
class  derived: public  base{
   public:
       int  f(int  a,int  b)
       {  return    a*b;
       }
       …
};
```

【解】

不正确，因为虚函数在派生类中重新定义时，其函数原型（包括函数类型、函数名、参数个数与参数类型的顺序）都必须与基类中的原型完全相同，而本程序段中虚函数在派生类中重新定义时，参数个数与基类中的原型不相同。

【6.11】分析以下程序的运行结果。

```
#include <iostream>
using  namespace  std;
class  Stock{
   public:
       void  print()
       {   cout<<"Stock  class.\n";
       }
};
class  Der1_Stock:public  Stock{
   public:
       void  print()
       {   cout<<"Der1_Stock  class.\n";
       }
};
class  Der2_Stock:  public  Stock{
   public:
       void  print()
       {   cout<<"Der2_Stock  class.\n";
       }
};
int  main()
{   Stock  s1;
    Stock  *ptr;
    Der1_Stock  d1;
```

```
    Der2_Stock  d2;
    ptr=&s1;
    ptr->print();
    ptr=&d1;
    ptr->print();
    ptr=&d2;
    ptr->print();
    return  0;
}
```

【解】本程序的运行结果如下：

```
Stock  class.
Stock  class.
Stock  class.
```

说明：

（1）指向 Stock 类的对象指针，也可以指向派生类对象。例如本程序中，指向 Stock 类型的指针 ptr 可以接受派生类对象 f1 的起始地址。

（2）语句 ptr->print()均执行 Stock::print()，而不执行 Der1_Stock::print()或 Der2_Stock::print()，这是因为基类和派生类定义的 print()函数的返回值类型、参数类型和个数均相同，基类中定义的 print()未声明成虚类型（virtual），这时的函数调用是在编译时静态联编的。

【6.12】修改上一题的程序，使运行结果为：

```
Stock  class.
Der1_Stock  class.
Der2_Stock  class.
```

【解】修改后的程序如下：

```
#include <iostream>
using  namespace  std;
class  Stock{
   public:
      virtual  void  print()             //修改的地方
      {  cout<<"Stock  class.\n";
      }
};
class  Der1_Stock:  public  Stock{
   public:
      void  print()
      {   cout<<"Der1_Stock  class.\n";
      }
};
class  Der2_Stock:  public  Stock{
   public:
      void  print()
      {   cout<<"Der2_Stock  class.\n";
      }
};
int  main()
{   Stock  s1;
    Stock  *ptr;
```

```
    Der1_Stock  d1;
    Der2_Stock  d2;
    ptr=&s1;
    ptr->print();
    ptr=&d1;
    ptr->print();
    ptr=&d2;
    ptr->print();
    return  0;
}
```

【6.13】定义基类 Base，其数据成员为高 h，定义成员函数 disp()为虚函数。然后，再由基派生出长方体类 Cuboid 与圆柱体类 Cylinder。并在两个派生类中定义成员函数 disp()为虚函数。在主函数中，用基类 Base 定义指针变量 pc，然后用指针 pc 动态调用基类与派生类中虚函数 disp()，显示长方体与圆柱体的体积。

【解】实现本题功能的程序如下：

```
#include <iostream>
using  namespace  std;
class  Base{
   public:
      Base()
      {   }
      Base(double  h1)
      {   h=h1;}
      virtual  void  disp()                    //虚函数 disp()
      {   cout<<"长方体和圆柱体的高度都是: "<<h<<endl;
      }
   protected:
      double  h;                               //高度
};
class  Cuboid:public  Base{                   //长方体类
   public:
      Cuboid(double  l=0,double  w=0,double  h=0):Base(h)
      {   len=l,wid=w;
      }
      void  disp()                             //虚函数 disp()
      {   cout<<"长方体: "<<endl;
          cout<<"    长度="<<len<<endl;
          cout<<"    宽度="<<wid<<endl;
          cout<<"    高度="<<h<<endl;
          cout<<"    长方体的体积="<<len*wid*h<<endl;
      }
   private:
      double  len,wid;                         //长度和宽度
};
class  Cylinder:public  Base  {               //圆柱体类
   public:
      Cylinder(double  r1=0,double  h1=0):Base(h1)
      {   r=r1;}
      void  disp()                             //虚函数 disp()
```

```
        {
            cout<<"圆柱体: "<<endl;
            cout<<"    半径="<<r<<endl;
            cout<<"    高度="<<h<<endl;
            cout<<"    圆柱体的体积="<<r*r*3.1415*h<<endl;
        }
    private:
        double  r;                              //半径
};
int  main()
{   Base  *pc;
    Cuboid  cu(5,6,8);
    Cylinder  cy(5,6);
    pc=&cu;
    pc->disp();
    pc=&cy;
    pc->disp();
    return  0;
}
```

本程序的运行结果如下：

```
长方体:
  长度=5
  宽度=6
  高度=8
  长方体的体积=240
圆柱体:
  半径=5
  高度=6
  圆柱体的体积=471.225
```

【6.14】给出下面的抽象基类 container：

```
class  container{                        //声明抽象类 container
    protected:
        double  radius;
    public:
        container(double  radius1);            //抽象类 container 的构造函数
        virtual  double  surface_area()=0;     //纯虚函数 surface_area()
        virtual  double  volume()=0;           //纯虚函数 volume()
};
```

要求：建立 3 个继承 container 的派生类 cube、sphere 与 cylinder，让每一个派生类都包含虚函数 surface_area()和 volume()，分别用来计算正方体、球体和圆柱体的表面积及体积。写出主程序，应用 C++的多态性，分别计算边长为 6.0 的正方体、半径为 5.0 的球体，以及半径为 5.0 和高为 6.0 的圆柱体的表面积和体积。

【解】实现本题功能的程序如下：

```
#include <iostream>
using  namespace  std;
class  container{                    //声明抽象类 container
    protected:
        double  radius;
```

```
    public:
        container(double  radius1);              //抽象类 container 的构造函数
        virtual  double  surface_area()=0;       //纯虚函数 surface_area()
        virtual  double  volume()=0;             //纯虚函数 volume()
};
container::container(double  radius1)            //定义抽象类 container 的构造函数
{   radius=radius1;
}
class  cube:public  container                    //声明一个正方体派生类 cube
{   public:
    cube(double  radius1):container(radius1)
    {  }
    double  surface_area()                       //定义虚函数 surface_area()
    {   return  6*radius*radius;
    }
    double  volume()                             //定义虚函数 volume()
    {   return  radius*radius*radius;
    }
};
class  sphere:public  container                  //声明一个球体派生类 sphere
{   public:
        sphere(double  radius1):container(radius1)
        {  };
        double  surface_area()                   //纯虚函数 surface_area()
        {   return  4*3.1416*radius*radius;
        }
        double  volume()                         //纯虚函数 volume()
        {   return  3.1416*radius*radius*radius*4/3;
        }
};
class  cylinder:public  container                //声明一个圆柱体派生类 cylinder
{       double  height;
    public:
        cylinder(double  radius1,double  height1):container(radius1)
        {   height=height1;
        }
        double  surface_area()                   //定义虚函数 surface_area()
        {   return  2*3.1416*radius*(radius+height);
        }
        double  volume()                         //定义虚函数 volume()
        {   return  3.1416*radius*radius*height;
        }
};
int  main()
{
    container  *ptr;                    //定义抽象类 Shape 的对象指针 ptr
    cube  obj1(5.0);                    //定义正方体的类对象 obj1
    sphere  obj2(5.0);                  //定义球体的类对象 obj2
    cylinder  obj3(5.0,6.0);            //定义圆柱体的类对象 obj2
    ptr=&obj1;                          //指针 ptr 指向正方体类对象 obj1
```

```
    cout<<"这个正方体的表面积是:"<<ptr->surface_area()<<endl;
                                  //求正方体的表面积
    cout<<"这个正方体的体积是:"<<ptr->volume()<<endl<<endl;
                                  //求正方体的的体积
    ptr=&obj2;                    //指针 ptr 指向球体的类对象 obj2
    cout<<"这个球体表面积是:"<<ptr->surface_area()<<endl;  //求球体的表面积
    cout<<"这个球体的体积是:"<<ptr->volume()<<endl<<endl;  //求球体的的体积
    ptr=&obj3;                    //指针 ptr 指向圆柱体类的对象 obj3
    cout<<"这个圆柱体的表面积是:"<<ptr->surface_area()<<endl;
                                  //求圆柱体的表面积
    cout<<"这个圆柱体的体积是:"<<ptr->volume()<<endl;       //求圆柱体的的体积
    return  0;
}
```

本程序的运行结果如下：

```
这个正方体的表面积是:150
这个正方体的体积是:125

这个球体表面积是:314.16
这个球体的体积是:523.6

这个圆柱体的表面积是:345.576
这个圆柱体的体积是:471.24
```

第7章 运算符重载

【7.1】简述运算符重载的规则。

【解】

C++语言对运算符重载制定了以下一些规则：

（1）C++语言中只能对已有的C++运算符进行重载，不允许用户自定义新的运算符。

（2）C++中绝大部分的运算符允许重载，不能重载的运算符只有少数几个。

（3）运算符重载是针对新类型数据的实际需要，对原有运算符进行适当的改造完成的。一般来讲，重载的功能应当与原有的功能相类似（如用“+”实现加法，用“-”实现减法）。

（4）重载不能改变运算符的操作对象（即操作数）的个数。

（5）重载不能改变运算符原有的优先级。

（6）重载不能改变运算符原有的结合特性。

（7）运算符重载函数的参数至少应有一个是类对象（或类对象的引用）。也就是说，运算符重载函数的参数不能全部是C++预定义的基本数据类型。

（8）运算符重载函数可以是普通函数，也可以是类的成员函数，还可以是类的友元函数。

【7.2】友元运算符重载函数和成员运算符重载函数有什么不同？

【解】友元运算符重载函数和成员运算符重载函数的不同有以下几点：

（1）对双目运算符而言，成员运算符重载函数参数表中含有一个参数，而友元运算符重载函数参数表中含有两个参数；对单目运算符而言，成员运算符重载函数参数表中没有参数，而友元运算符重载函数参数表中含有一个参数。

（2）双目运算符一般可以被重载为友元运算符重载函数或成员运算符重载函数，但有一些情况，必须使用友元运算符重载函数，例如一个常数与一个对象相加。有的运算符（如“=”等）只能使用成员运算符重载函数。

（3）成员运算符函数和友元运算符函数都可以用习惯方式调用，也可以用它们专用的方式调用，如表1-2所示。

表1-2 运算符函数调用形式

习惯调用形式	友元运算符重载函数调用形式	成员运算符重载函数调用形式
a+b	operator+(a,b)	a.operator+(b)
-a	operator-(a)	a.operator-()
a++	operator++(a,0)	a.operator++(0)

（4）C++的大部分运算符既可说明为成员运算符函数，又可说明为友元运算符函数。究竟选择哪一种运算符函数好一些，没有定论，这主要取决于实际情况和程序员的习惯。

【7.3】有关运算符重载正确的描述是（　　）。

A．C++允许在重载运算符时改变运算符的操作个数

B．C++允许在重载运算符时改变运算符的优先级

C．C++允许在重载运算符时改变运算符的结合性

D．C++允许在重载运算符时改变运算符的原来的功能

【解】D

说明：C++允许在重载运算符时改变运算符的原来的功能。例如，将“++”符号重载时，可以定义为“--”的功能。但是，不提倡这样做，重载运算符最好仍保持原有的功能。

【7.4】能用友元函数重载的运算符是（　　）。

A．+　　B．=　　C．[]　　D．->

【解】A

说明：

C++规定不能用友元函数重载“=”“[]”和“->”。

【7.5】假定要对类 AB 定义加号运算符重载成员函数，实现两个 AB 类对象的加法，并返回相加结果，则该成员函数的声明语句为（　　）。

A．AB operator+(AB& a,AB& b)　　B．AB operator+(AB&　a)

C．operator+(AB a)　　D．AB &operator+()

【解】B

【7.6】写出下列程序的运行结果。

```
#include <iostream>
using namespace std;
class A {
   public:
      A(int i):x(i)
      {    }
      A()
      {  x=0;
      }
      friend A operator ++(A a);
      friend A operator --(A &a);
      void print();
   private:
      int x;
};
A operator++(A a)
{  ++a.x;
   return a;
}
A operator --(A &a)
{  --a.x;
   return a;
```

```
}
void  A::print()
{   cout<<x<<endl;
}
int  main()
{   A  a(7);
    ++a;
    a.print();
    --a;
    a.print();
    return  0;
}
```

【解】本程序的运行结果如下：

```
7
6
```

说明：

重载“++”运算符时，函数是通过传值的方法传递参数，函数体内对数据成员的改动无法传到函数体外。所以执行++a 以后，a.x 的值没有变化。

重载“--”运算符时采用引用参数传递操作数，所以执行--a 以后，a.x 的值被修改。

【7.7】写出下列程序的运行结果。

```
#include <iostream>
using  namespace  std;
class  Words{
   public:
      Words(char  *s)
      {   str=new  char[strlen(s)+1];
          strcpy(str,s);
          len=strlen(s);
      }
      void  disp();
      char  operator[](int  n);          //定义下标运算符“[]”重载函数
   private:
      int  len;
      char *str;
};
char  Words::operator[](int  n)
{   if  (n<0||n>len-1)                    //数组的边界检查
    {   cout<<"数组下标超界!\n";
        return  '  ';
    }
    else
        return  *(str+n);
}
void  Words::disp()
{   cout<<str<<endl;
}
int  main()
{   Words  word("This  is  C++  book.");
```

```
    word.disp();
    cout<<"第 1 个字符: ";
    cout<<word[0]<<endl;          //word[0]被解释为 word.operator[](0)
    cout<<"第 16 个字符: ";
    cout<<word[15]<<endl;
    cout<<"第 26 个字符: ";
    cout<<word[25]<<endl;
    return 0;
}
```

【解】本程序的运行结果如下：

```
This is C++ book.
第 1 个字符: T
第 16 个字符: k
第 26 个字符: 数组下标超界!
```

【7.8】写出下列程序的运行结果。

```
#include <iostream>
using namespace std;
class  Length  {
       int  meter;
   public:
       Length(int  m)
       {   meter=m;
       }
       operator  double()
       {   return  (1.0*meter/1000);
       }
};
int  main()
{   Length  a(1500);
    double   m=float(a);
    cout<<"m="<<m<<"千米"<<endl;
    return  0;
}
```

【解】本程序的运行结果如下：

```
m=1.5 千米
```

【7.9】写出下列程序的运行结果。

```
#include <iostream>
using namespace std;
class Array{
   public:
      Array(int);
      int& operator()(int);    //重载运算符()
   private:
      int  *m;
      int  x;
};
Array::Array(int  x)
{   this->x=x;
    m=new  int[x];
```

```
    for(int  i=0;i<x;i++)
        *(m+i)=i;
}
int&  Array::operator()(int  x1)
{   return(*(m+x1));
}
int  main()
{   cout<<"\n\n";
    Array  a(10);
    cout<<a(5);
    a(5)=7;
    cout<<endl<<a(5);
    return  0;
}
```

【解】本程序的运行结果如下：

```
5
7
```

【7.10】编写一个程序，用成员函数重载运算符“+”和“-”将两个二维数组相加和相减，要求第一个二维数组的值由构造函数设置，另一个二维数组的值由键盘输入。

【解】实现本题功能的程序如下：

```
#include <iostream>
#include <iomanip>
using  namespace  std;
const  int  row=2;
const  int  col=3;
class  array  {
   public:
      array();                                         //构造函数
      array(int  a,int  b,int  c,int  d,int  e,int  f);
      void  get_array();                               //由键盘输入数组的值
      void  display();                                 //显示数组的值
      array  operator+(array  &X);                     //将两个数组相加
      array  operator-(array  &X);                     //将两个数组相减
   private:
      int  var[row][col];
};
array::array()
{   for(int  i=0;i<row;i++)
       for(int  j=0;j<col;j++)
          var[i][j]=0;
}
array::array(int  a,int  b,int  c,int  d,int  e,int  f)
{                                     //由构造函数设置数组的值
    var[0][0]=a;
    var[0][1]=b;
    var[0][2]=c;
    var[1][0]=d;
    var[1][1]=e;
    var[1][2]=f;
```

```
}
void   array::get_array( )            //由键盘输入数组的值
{  cout<<"Please  input  2*3  dimension  data: "<<endl;
   for(int  i=0;i<row;i++)
      for(int  j=0;j<col;j++)
         cin>>var[i][j];
}
void  array::display()                //显示数组的值
{  for(int  i=0;i<row;i++)
   {  for(int  j=0;j<col;j++)
        cout<<setw(5)<<var[i][j];
      cout<<endl;
   }
}
array   array::operator+(array  &X)      //将两个数组相加
{  array  temp;
   for(int  i=0;i<row;i++)
      for(int  j=0;j<col;j++)
         temp.var[i][j]=var[i][j]+X.var[i][j];
   return  temp;
}
array   array::operator-(array  &X)      //将两个数组相减
{  array  temp;
   for(int  i=0;i<row;i++)
      for(int  j=0;j<col;j++)
         temp.var[i][j]=var[i][j]-X.var[i][j];
   return  temp  ;
}
int  main()
{  array  X(11,22,33,44,55,66);
   array  Y,Z;
   Y.get_array();
   cout<<"Display  object  X"<<endl;
   X.display();
   cout<<"Display  object  Y"<<endl;
   Y.display();
   Z=X+Y;
   cout<<" Display  object  Z=X+Y"<<endl;
   Z.display();
   Z=X-Y;
   cout<<" Display  object  Z=X-Y"<<endl;
   Z.display();
   return  0;
}
```

本程序的运行结果如下：

```
Please  input  2*3  dimension  data:
1  2  3  4  5  6
Display  object  X
     11     22     33
     44     55     66
```

```
Display  object  Y
      1        2        3
      4        5        6
 Display  object  Z=X+Y
    12      24      36
    48      60      72
 Display  object  Z=X-Y
    10      20      30
    40      50      60
```

【7.11】修改上题，用友元函数重载运算符“+”和“-”将两个二维数组相加和相减。

【解】实现本题功能的程序如下：

```
#include <iostream>
#include <iomanip>
using namespace std;
const int row=2;
const int col=3;
class array {
   public:
      array();                          //构造函数
      array(int a,int b,int c,int d,int e,int f);
      void get_array();                 //由键盘输入数组的值
      void display();                   //显示数组的值
      friend array operator+(array &X,array &Y);      //将两个数组相加
      friend array operator-(array &X,array &Y);      //将两个数组相减
   private:
      int var[row][col];
};
array::array()
{   for(int i=0;i<row;i++)
       for(int j=0;j<col;j++)
          var[i][j]=0;
}
array::array(int a,int b,int c,int d,int e,int f)
{                     //由构造函数设置数组的值
   var[0][0]=a;var[0][1]=b;var[0][2]=c;
   var[1][0]=d;var[1][1]=e;var[1][2]=f;
}
void  array::get_array()          //由键盘输入数组的值
{  cout<<" Please input 2*3 dimension data:  "<<endl;
   for(int i=0;i<row;i++)
     for(int j=0;j<col;j++)
        cin>>var[i][j];
}
void  array::display()            //显示数组的值
{  for(int i=0;i<row;i++)
   {  for(int j=0;j<col;j++ )
         cout<<setw(5)<<var[i][j];
      cout<<endl;
   }
}
```

```
array  operator+(array  &X,array  &Y)              //将两个数组相加
{   array  temp;
    for(int  i=0;i<row;i++)
       for(int  j=0;j<col;j++)
          temp.var[i][j]=Y.var[i][j]+X.var[i][j];
    return  temp;
}
array  operator-(array  &X,array  &Y)              //将两个数组相减
{   array  temp;
    for(int  i=0;i<row;i++)
       for(int  j=0;j<col;j++)
           temp.var[i][j]=X.var[i][j]-Y.var[i][j];
    return  temp;
}
int  main()
{   array  X(11,22,33,44,55,66);
    array  Y,Z;
    Y.get_array();
    cout<<"Display  object  X"<<endl;   X.display();
    cout<<"Display  object  Y"<<endl;   Y.display();
    Z=X+Y;
    cout<<" Display  object  Z=X+Y"<<endl;  Z.display();
    Z=X-Y;
    cout<<" Display  object  Z=X-Y"<<endl;  Z.display();
    return  0;
}
```

本程序的运行结果如下：

```
Please  input  2*3  dimension  data:
 1  2  3  4  5  6
Display  object  X
        11      22      33
        44      55      66
Display  object  Y
        1       2       3
        4       5       6
   Display  object  Z=X+Y
        12      24      36
        48      60      72
   Display  object  Z=X-Y
        10      20      30
        40      50      60
```

【7.12】编写一个程序，声明一个矩阵类 Matrix，重载运算符“+”，使之能用于矩阵的加法运算。有两个矩阵 a 和 b，均为 2 行 4 列。求两个矩阵之和。重载流插入运算符“<<”和流提取运算符“>>”，使之能用于该矩阵的输入和输出。

【解】实现本题功能的程序如下：

```
#include <iostream>
#include <iomanip>
using  namespace  std;
class  Matrix{
```

```
   public:
      Matrix();
      friend  Matrix  operator+(Matrix&,Matrix&);          //声明重载运算符"+"
      friend  ostream&  operator<<(ostream&,Matrix&);   //声明重载运算符"<<"
      friend  istream&  operator>>(istream&,Matrix&);   //声明重载运算符">>"
   private:
      int  mat[2][4];
};
Matrix::Matrix()
{   for(int  i=0;i<2;i++)
       for(int  j=0;j<4;j++)
          mat[i][j]=0;
}
Matrix  operator+(Matrix&  a,Matrix&  B)           //定义运算符"+"的重载函数
{   Matrix  c;
    for(int  i=0;i<2;i++)
       for(int  j=0;j<4;j++)
       {  c.mat[i][j]=a.mat[i][j]+b.mat[i][j];  }
    return  c;
}
istream&  operator>>(istream&  in,Matrix&  m)    //定义运算符">>"的重载函数
{   cout<<"input  value  of  matrix: "<<endl;
    for(int  i=0;i<2;i++)
       for(int  j=0;j<4;j++)
          in>>m.mat[i][j];
    return  in;
}
ostream&  operator<<(ostream&  out,Matrix&  m)   //定义运算符"<<"的重载函数
{   for(int  i=0;i<2;i++)
    {   for(int  j=0;j<4;j++)
        {   out<<m.mat[i][j]<<"  ";}
            out<<endl;
    }
    return  out;
}
int  main()
{   Matrix  a,b,c;
    cin>>a;                                        //用 cin 输入矩阵 a
    cin>>b;                                        //用 cin 输入矩阵 b
    cout<<"Matrix  a: "<<endl<<a<<endl;           //用 cout 输出矩阵 a
    cout<<"Matrix  b: "<<endl<<b<<endl;           //用 cout 输出矩阵 b
    c=a+b;
    cout<<"Matrix  c=Matrix  a  +  Matrix  b: "<<endl<<c<<endl;
                                                   //用 cout 输出矩阵 c
    return  0;
}
```

本程序的运行结果如下：

```
input  value  of  matrix:
1  2  3  4  5  6  7  8
input  value  of  matrix:
```

```
11 22 33 44 55 66 77 88
Matrix a:
1 2 3 4
5 6 7 8

Matrix b:
11 22 33 44
55 66 77 88

Matrix c=Matrix a + Matrix b:
12 24 36 48
60 72 84 96
```

第 8 章 函数模板与类模板

【8.1】为什么使用模板？函数模板声明的一般形式是什么？

【解】

模板是 C++的一个重要特性。利用模板机制可以显著减少冗余信息，能大幅度地节约程序代码，进一步提高面向对象程序的可重用性和可维护性。模板是实现代码重用机制的一种工具，它可以实现类型参数化，即把类型定义为参数，从而实现代码的重用，使得一段程序可用于处理多种不同类型的对象，大幅度地提高程序设计的效率。

函数模板的声明格式如下：

```
template<typename  类型参数>
返回类型  函数名(模板形参表)
{
    函数体
}
```

也可以定义成如下形式：

```
template<class 类型参数>
返回类型  函数名(模板形参表)
{
    函数体
}
```

【8.2】什么是模板实参和模板函数？

【解】

将类型参数实例化的参数称为模板实参，用模板实参实例化的函数称为模板函数。

【8.3】什么是类模板？类模板声明的一般形式是什么？

【解】

所谓类模板，实际上是建立一个通用类，其数据成员、成员函数的返回类型和形参类型不具体指定，用一个虚拟的类型来代表。使用类模板定义对象时，系统会根据实参的类型来取代类模板中虚拟类型，从而实现不同类的功能。

定义一个类模板与定义函数模板的格式类似，必须以关键字 template 开始，后面是尖括号括起来的模板参数，然后是类名，其格式如下：

```
template  <typename 类型参数>
class  类名  {
```

```
    类成员声明
};
```

也可以定义成如下形式：

```
template <class 类型参数>
class 类名 {
    类成员声明
};
```

【8.4】函数模板与同名的非模板函数重载时，调用的顺序是怎样的？

【解】

函数模板与同名的非模板函数可以重载。在这种情况下，调用的顺序是：首先寻找一个参数完全匹配的非模板函数，如果找到了就调用它；若没有找到，则寻找函数模板，将其实例化，产生一个匹配的模板函数，若找到了，就调用它。

【8.5】假设声明了以下的函数模板：

```
template<class T>
T Max(T x,T y)
{ return (x>y)?x:y;
}
```

并定义了

```
int i;char c;
```

错误的调用语句是（ ）。

A. Max(i,i); B. Max(c,c); C. Max((int)c,i); D. Max(i,c);

【解】D

【8.6】模板的使用是为了（ ）。

A. 提高代码的可重用性 B. 提高代码的运行效率

C. 加强类的封装性 D. 实现多态性

【解】A

【8.7】关于类模板，下列表述不正确的是（ ）。

A. 用类模板定义一个对象时，不能省略实参

B. 类模板只能有一个类型参数

C. 在类模板定义之前，都需要在前面加上模板声明

D. 类模板只能有虚拟类型参数

【解】D

【8.8】类模板的使用实际上是将类模板实例化成一个具体的（ ）。

A. 函数 B. 对象 C. 类 D. 模板类

【解】C

【8.9】一个（ ）允许用户为类定义一种模式，使得类中的某些数据成员、某些成员函数的参数和返回值能取任意数据类型。

A. 类模板 B. 模板函数 C. 函数模板 D. 模板类

【解】A

【8.10】类模板的模板参数（ ）。

A. 只可作为成员函数的参数类型 B. 只可作为成员函数的返回类型

C．只可作为数据成员的类型　　D．以上三者皆可

【解】D

【8.11】以下对模板的说明，正确的是（　　）。

A．template<class T1,class T2>　　B．template<class T1,T2>

C．template<T>　　D．template<class T1;class T2>

【解】A

【8.12】写出下面程序的运行结果。

```
#include <iostream>
using namespace std;
template <class Type1,class Type2>
class myclass{
   public:
      myclass(Type1 a,Type2 B)
      {  i=a;j=b;
      }
      void show()
      {  cout<<i<<' '<<j<<'\n';
      }
   private:
      Type1 i;
      Type2 j;
};
int main()
{  myclass<int,double> ob1(10,0.23);
   myclass<char,char*> ob2('X',"\nThis is a test.");
   ob1.show();
   ob2.show();
   return 0;
}
```

【解】本程序的运行结果如下：

```
   10       0.23
X This is a test.
```

说明：

这个程序声明了两种类型的对象。ob1 的两个参数分别为整型与双精度型，ob2 的两个参数分别为字符型与字符串型。

【8.13】写出下面程序的运行结果。

```
#include <iostream>
using namespace std;
template<class T>
T min(T a,T b)
{
   if(a<b)return a;
   else return b;
}
int main()
{  int n1=5,n2=81;
```

```
    double  d1=1.3,d2=5.6;
    cout<<"较小整数: "<<min(n1,n2)<<endl;
    cout<<"较小实数: "<<min(d1,d2)<<endl;
    return  0;
}
```

【解】本程序的运行结果如下：

```
较小整数: 5
较小实数: 1.3
```

【8.14】写出下面程序的运行结果。

```
#include <iostream>
using  namespace  std;
template<class  T>
class  Sample{
   T  d;
   public:
   Sample(){}
   Sample(T  i){d=i;}
   void  disp(){cout<<"d="<<d<<endl;}
   friend  Sample<T>operator+(Sample<T>s1,Sample<T>s2)
   {
      Sample<T>tmp;
      tmp.d=s1.d+s2.d;
      return  tmp;
   }
};
int  main()
{
   Sample<int>s1(2),s2(3),s3;
   Sample<double>s4(2.5),s5(8.4),s6;
   s3=s1+s2;
   s6=s4+s5;
   s3.disp();
   s6.disp();
   return 0;
}
```

【解】本程序的运行结果如下：

```
d=5
d=10.9
```

【8.15】写出下面程序的运行结果。

```
#include <iostream>
using  namespace  std;
class  coord
{     int  x,y;
   public:
     coord(int  x1,int  y1){x=x1;y=y1;}
     int  getx(){return  x;}
     int  gety(){return  y;}
     int  operator<(coord&  c);
};
```

```
int  coord::operator<(coord&  c)
{   if(x<c.x)
      if(y<c.y)
         return  1;
   return  0;
}
template<class  obj>
obj&  min(obj&  o1,obj&  o2)
{
   if(o1<o2)
      return  o1;
   return  o2;
}
int  main()
{
   coord  c1(5,12);
   coord  c2(3,16);
   coord  c3=min(c1,c2);
   cout<<"最小的坐标: ("<<c3.getx()<<","<<c3.gety()<<")"<<endl;
   double  d1=2.99;
   double  d2=3.48;
   cout<<"最小的数: "<<min(d1,d2)<<endl;
   return  0;
}
```

【解】

本程序的运行结果如下:

```
最小的坐标: (3,16)
最小的数: 2.99
```

【8.16】指出下列程序中的错误，并说明原因。

```
#include <iostream>
using  namespace  std;
template  <typename  T>                  //模板声明，其中为 T 类型参数
class  Compare{                           //类模板名为 Compare
   public:
      Compare(T  a,T  b)
      {  x=a;y=b;}
      T  min();
   private:
      T  x,y;
};
template  <typename  T>
T  Compare::min()
{  return  (x<y)?x:y;
}
int  main()
{
   Compare  com1(3,7);
   cout<<"其中的最小值是: "<<  com1.min()<<endl;
   return  0;
}
```

【解】

在类模板体外定义成员函数 min()时“T Compare::min()”是错误的，应在成员函数名前缀上“类名<类型参数>::”，应该将此语句改为：

```
T Compare<T>::min()
```

主函数中语句“Compare com1(3,7);”是错误的，因为首先要将模板实例化，才能由模板生成对象。应该将此语句改为：

```
Compare <int> com1(3,7);
```

修改后，正确的程序如下：

```
#include <iostream>
using namespace std;
template <typename T>                   //模板声明，其中为T类型参数
class Compare{                          //类模板名为Compare
   public:
      Compare(T a,T b)
      {  x=a;y=b;}
      T min();
   private:
      T x,y;
};
template <typename T>
T Compare<T>::min()
{  return(x<y)?x:y;
}
int main()
{  Compare <int> com1(3,7);
   cout<<"其中的最小值是: "<<com1.min()<<endl;
   return 0;
}
```

本程序的运行结果如下：

```
其中的最小值是: 3
```

【8.17】已知下列主函数：

```
int main()
{  cout<<min(10,5,3)<<endl;
   cout<<min(10.0,5.0,3.0)<<endl;
   cout<<min('a','b','c')<<endl;
   return 0;
}
```

设计一个求3个数中最小者的函数模板，并写出调用此函数模板的完整程序。

【解】

求3个数中最小者的函数模板如下：

```
template <class Type>
Type min(Type a,Type b,Type c)
{  a=(a<b?a:b);
   return(a<c?a:c);
}
```

完整的程序如下：

```
#include <iostream>
```

```
using  namespace  std;
template  <class  Type>
Type  min(Type  a,Type  b,Type  C)     //声明函数模板
{   a=(a<b?a:b);
    return(a<c?a:c);
}
int  main()
{   cout<<min(10,5,3)<<endl;
    cout<<min(10.0,5.0,3.0)<<endl;
    cout<<min('a','b','c')<<endl;
    return  0;
}
```

本程序的运行结果如下：

```
3
3
a
```

【8.18】编写一个函数模板，使用冒泡排序将数组内容由小到大排列并打印出来，并写出调用此函数模板的完整程序，使得函数调用时，数组的类型可以是整数也可以是双精度型。

【解】实现本题功能的程序如下：

```
#include  <iostream.h>
using  namespace  std;
template  <class  Type>
void  sort(Type  *Array,int  size)
{   int  i,j;
    for(i=0;i<size-1;i++)
        for(j=0;j<size-i-1;j++)
            if(Array[j]>Array[j+1])
            {   Type  temp=Array[j];
                Array[j]=Array[j+1];
                Array[j+1]=temp;
            }
    for(i=0;i<=size-1;i++)
        cout<<Array[i]<<"  ";
    cout<<endl;
}
int  main()
{   int  intArray[]={11,12,13,14,7,8,9};
    double  doubleArray[]={11.2,12.3,13.2,14.5,14.8,8.7,9.3};
    sort(intArray,7);
    sort(doubleArray,7);
    return  0;
}
```

本程序运行的结果如下：

```
7  8  9  11  12  13  14
8.7  9.3  11.2  12.3  13.2  14.5  14.8
```

第 9 章 C++的输入和输出

【9.1】C++为什么要有自己的输入/输出系统？

【解】

C++除了完全支持 C 语言的输入/输出系统外，还定义了一套面向对象的输入/输出系统。为什么 C++还要建立自己的输入/输出系统呢？这是因为在 C++中需要定义众多的用户自定义类型，面向对象方法的数据封装性就是通过用户所定义的类类型来体现的，而继承性和多态性也是通过对用户定义的类对象的操作来体现的。但 C 语言的输入/输出系统不支持用户自定义的类型。

【9.2】C++有哪 4 个预定义的流？它们分别与什么具体设备相关联？

【解】

C++中包含几个预定义的流对象，它们是标准输入流（对象）cin、标准输出流（对象）cout、非缓冲型的标准出错流（对象）cerr 和缓冲型的标准出错流（对象）clog。这四个流对象所关联的具体设备为：

```
cin      与标准输入设备相关联
cout     与标准输出设备相关联
cerr     与标准错误输出设备相关联(非缓冲方式)
clog     与标准错误输出设备相关联(缓冲方式)
```

在默认情况下，指定的标准输出设备是屏幕，标准输入设备是键盘。在任何情况下，指定的标准错误输出设备都是屏幕。

【9.3】cerr 和 clog 之间的区别是什么？

【解】

cerr 和 clog 之间的区别是：cerr 没有被缓冲，因而发送给它的任何内容都立即输出；相反，clog 被缓冲，只有当缓冲区满时才进行输出，也可以通过刷新流的方式强迫刷新缓冲区。

【9.4】C++提供了哪两种控制输入/输出格式的方法？

【解】

C++提供了两种进行格式控制的方法：一种是使用 ios 类中有关格式控制的成员函数进行格式控制；另一种是使用称为操纵符的特殊类型的函数进行格式控制。

【9.5】C++进行文件输入/输出的基本过程是什么？

【解】

C++中进行文件输入/输出的基本过程是：必须首先创建一个流，然后将这个流与文件相关联，即打开文件，此时才能进行输入/输出操作，操作完成后再关闭这个文件。

【9.6】顺序文件与随机文件有什么区别？

【解】

前面介绍的文件操作都是按一定顺序进行读写的，因此称为顺序文件。对于顺序文件而言，只能按实际排列的顺序，一个一个地访问文件中的各个元素。为了增加对文件访问的灵活性，C++在类 istream 及类 ostream 中定义了几个与随机移动文件指针相关的成员函数，使我们可以在输入输出流内随机移动文件指针，从而可以对文件的数据进行随机读写。

【9.7】

```
#include <iostream>
using namespace std;
int main()
{  int i=100;
   cout.unsetf(ios::dec);    //终止十进制的格式设置
   cout.setf(ios::hex);
   cout<<i<<"\t";
   cout<<i<<"\t";
   cout.setf(ios::dec);
   cout<<i<<"\n";
   return 0;
}
```

以上程序运行的结果是（　　）。

A．64　　100　　64

B．64　　64　　64

C．64　　64　　100

D．100　　100　　100

【解】C

【9.8】在 ios 中提供控制格式的标志位中，（　　）是转换为十六进制形式的标志位。

A．dec　　B．oct　　C．hex　　D．left

【解】C

【9.9】控制格式 I/O 的操作中，（　　）是设置域宽的。

A．setw()　　B．oct　　C．setfill()　　D．ws

【解】A

【9.10】进行文件操作时需要包含文件（　　）。

A．iostream　　B．fstream　　C．stdio　　D．stdlib

【解】B

【9.11】磁盘文件操作中的访问模式常量（　　）是以追加方式打开文件的。

A．app　　B．out　　C．in　　D．ate

【解】A

【9.12】当使用 ifstream 流类定义一个流对象并打开一个磁盘文件时，文件的隐含打开方式是（　　）。

A．ios::trunk　　B．ios::out　　C．ios::in　　D．ios::binary

【解】C

【9.13】下列函数中，（　　）是对文件进行写操作的。

A. seek()　　B. read()　　C. get()　　D. put()

【解】D

【9.14】seekg()函数中 dir 的取值有（　　）种。

A. 1　　B. 2　　C. 3　　D. 4

【解】C

说明：

origin 的取值有三种：ios::beg、ios::cur 和 ios::end。

【9.15】使用“myFile.open ("Sales.dat", ios::app);”语句打开文件 Sales.dat 后，则（　　）。

A. 该文件只能用于输出

B. 该文件只能用于输入

C. 该文件既可以用于输出，也可以用于输入

D. 若该文件存在，则清除该文件的内容

【解】A

说明：

用 ios::app 打开的文件只能用于输出。

【9.16】如果输入是 abcdefgh，希望输出 abcd efgh。请填写程序中 width 的宽度。

```
#include <iostream>
#include <iomanip>
using namespace std;
int main()
{   char buffer1[10],buffer2[10];
    cin.width(_______);
    cin>>buffer1>>buffer2;
    cout.width(_______);
    cout<<buffer1<<'  '<<buffer2<<"\n";
    return 0;
}
```

【解】

第一个 width 填 5，第二个 width 填 4。

【9.17】在下画线填上适当的语句，实现 Stock 类的输入/输出运算符重载。

```
#include <iostream>
#include <string>
using namespace std;
class Stock{
   public:
      ________________________________________
      ________________________________________
   private:
      char  Stockcode[7];        //股票代码
      char  Stockname[20];       //股票名称
      float  price;              //现价
```

```
};
istream & operator>>(istream& in,Stock &st)
{ cout<<"\n请输入股票代码、股票名称和现价: ";
  in>>st.Stockcode>>st.Stockname>>st.price;
  return in;
}
ostream & operator<<(ostream& out,Stock &st)
{ out<<st.Stockcode<<" "<<st.Stockname<<" "<<st.price;
  return out;
}
int main()
{ Stock stock;
  cin>>stock;
  cout<<stock<<endl;
  return 0;
}
```

【解】

```
friend istream& operator>>(istream& in,Stock &st);
friend ostream& operator<<(ostream& out,Stock &st);
```

【9.18】分别计算 5! ~ 9!的值，使用 setw()控制"="左边的数值宽度。

【解】实现本题功能的程序如下：

```
#include <iostream>
#include <iomanip>
using namespace std;
double fact(int n);
int main()
{   for(int n=5;n<10;n++)
        cout<<setw(2)<<n<<"!= "<<fact(n)<<endl;
    return 0;
}
double fact(int n)
{   double factor=1;
    for(int i=n;i>=1;i--)
        factor*=i;
    return factor;
}
```

本程序的运行结果如下：

```
5!= 120
6!= 720
7!= 5040
8!= 40320
9!= 362880
```

【9.19】编写一个程序，打印 2～10 之间的数字的自然对数与以 10 为底的对数。对表进行格式化，使得数字可以在域宽为 10 的范围内，用 5 个十进制位置的精度进行右对齐。

【解】实现本题功能的程序如下：

```
#include <iostream>
#include <cmath>
using namespace std;
```

```
int  main()
{   double  x;
    cout.precision(5);
    cout<<"  x          log(x)      log10(x)   \n";
    for(x=2.0;x<=10.0;x++)
    {
        cout.width(2);
        cout<<x<<"    ";
        cout.width(10);
        cout<<log(x)<<"  ";
        cout.width(10);
        cout<<log10(x)<<"\n";
    }
    return  0;
}
```

本程序的运行结果如下：

```
x           log(x)        log10(x)
 2           0.69315        0.30103
 3           1.0986        0.47712
 4           1.3863        0.60206
 5           1.6094        0.69897
 6           1.7918        0.77815
 7           1.9459        0.8451
 8           2.0794        0.90309
 9           2.1972        0.95424
10           2.3026            1
```

【9.20】编写一个程序，将下面的信息表写入文件 stock.txt 中：

```
Shen  fa  zhan    000001
Shang  hai  qi  che    600104
Guang  ju  neng  yuan  000096
```

【解】实现本题功能的程序如下：

```
#include <iostream>
#include  <fstream>
using  namespace  std;
int  main()
{   ofstream  pout("stock.txt");
    if(!pout)
    {   cout<<"Cannot  open  phone  file\n";
        return  1;
    }
    pout<<"Shen  fa  zhan    000001\n";
    pout<<"Shang  hai  qi  che    600104\n";
    pout<<"Guang  ju  neng  yuan  000096\n  ";
    pout.close();
    return  0;
}
```

【9.21】编写一个程序，用于统计某文本文件中单词 is 的个数。

【解】实现本题功能的程序如下：

```
#include  <iostream>
```

```
#include <fstream>
using namespace std;
int main()
{   int flag=0,flag2=0;
    //flag=0 表示前面的字符不是空格
    //flag2=0 表示前面的字符不是"is"
   int sum=0;                  //sum 记录"is"的个数
   char ch;
   fstream in("file1.txt",ios::in);
   if(!in)
   {   cerr<<"Error open file.";
       return 0;
   }
   while((ch=in.get())!=EOF)
   if(ch==' ')
   {   if(flag!=1) flag=1;
   }
   else
   {   if(flag==1&&ch=='i') flag2=1;
           if(flag2==1&&ch=='s')
           {    sum++;
                flag2=0;
           }
       flag=0;
   }
   cout<<sum;                  //输出"is"的个数
   in.close();
   return 1;
}
```

【9.22】编写一个程序，要求定义 in 为 fstream 的对象，与输入文件 file1.txt 建立关联，文件 file1.txt 的内容如下：

```
abcdef
ghijklmn
```

定义 out 为 fstream 的对象，与输出文件 file2.txt 建立关联。当文件打开成功后将 file1.txt 文件的内容转换成大写字母，输出到 file2.txt 文件中。

【解】实现本题功能的程序如下：

```
#include <iostream>
#include <fstream>
using namespace std;
int main()
{   fstream in("file1.txt",ios::in);
    if(!in)
    {   cerr<<"Error open file.";
        return 1;
    }
    fstream out("file2.txt",ios::out);
    if(!out)
    {   cerr<<"Error open file.";
```

```
        return 2;
    }
    char ch;
    while((ch=in.get())!=EOF)
    out<<char(toupper(ch));
    in.close();
    out.close();
    return 0;
}
```

本程序的运行结果如下：

先建立一个 file1.txt 文件并输入字符串，程序运行后，查看输入文件 file1.txt 的内容为：

```
abcdef
ghijklmn
```

输出文件 file2.txt 的内容为：

```
ABCDEF
GHIJKLMN
```

【9.23】编写一个程序，要求定义 in 为 fstream 的对象，与输入文件 file1.txt 建立关联，文件 file1.txt 的内容如下：

```
aabbcc
```

定义 out 为 fstream 的对象，与输出文件 file2.txt 建立关联。当文件打开成功后将 file1.txt 文件的内容附加到 file2.txt 文件的尾部。运行前 file2.txt 文件的内容如下：

```
ABCDEF
GHIJKLMN
```

运行后，再查看文件 file2.txt 的内容。

【解】实现本题功能的程序如下：

```
#include <iostream>
#include <fstream>
using namespace std;
int main()
{   ifstream in;
    in.open("file1.txt",ios::in);
    if(!in)
    {   cerr<<"Error opcn file1.txt.";
        return 1;
    }
    ofstream out;
    out.open("file2.txt",ios::app);
    if(!out)
    {   cerr<<"Error open file2.txt.";
        return 1;
    }
    char ch;
    while((ch=in.get())!=EOF)
    out<<ch;
```

```
    in.close();
    out.close();
    return  0;
}
```

运行后，查看文件 file2.txt 的内容如下：

```
ABCDEF
GHIJKLMN
aabbcc
```

第 10 章 异常处理和命名空间

【10.1】程序中常见的错误分为哪两大类？

【解】

程序中常见的错误分为两大类：编译时的错误和运行时的错误。

【10.2】什么叫异常处理？

【解】

程序在运行过程中出现的错误统称为异常，对异常的处理称为异常处理。异常处理是对所能预料的运行错误进行处理的一套实现机制。

【10.3】C++处理异常的方法是什么？这种方法什么优点？

【解】

C++处理异常的方法是：如果在执行一个函数过程中出现异常，可以不在本函数中立即处理，而是发出一个信息，传给它的上一级（即调用函数）来解决，如果上一级函数也不能处理，就再传给其上一级，由其上一级处理。如此逐级上传，如果到最高一级还无法处理，运行系统一般会自动调用系统函数 terminate()，由它调用 abort 终止程序。

这样的异常处理方法使得异常的引发和处理机制分离，而不是由同一个函数完成。这样做的好处是使底层函数（被调用函数）着重用于解决实际任务，而不必过多地考虑对异常的处理，以减轻底层函数的负担，而把处理异常的任务上移到上层去处理。例如，在主函数中调用十几个函数，只需在主函数中设计针对不类型的异常处理，而不必在每个函数中都设置异常处理，这样可以大大提高效率。

【10.4】什么是命名空间？

【解】

所谓命名空间，实际上就是一个由程序设计者命名的内存区域。程序设计者可以根据需要指定一些有名字的命名空间，将各命名空间中声明的标识符与该命名空间标识符建立关联，保证不同命名空间的同名标识符不发生冲突。

【10.5】C++处理异常的机制由（　　）3 个部分组成。

A．编辑、编译和运行　　　　B．检查、抛出和捕获

C．编辑、编译和捕获　　　　D．检查、抛出和运行

【解】B

【10.6】C++中用 3 个保留字实现异常处理，除了 try 和 catch 外，还有（　　）。

A．throw　　B．class　　C．if　　D．return

【解】A

【10.7】catch(...)一般放在其他 catch 子句的后面，该子句的作用是（　　）。

A．抛出异常　　B．捕获所有类型的异常

C．检测并处理异常　　D．有语法错误

【解】B

【10.8】写出下面程序的运行结果。

```
#include <iostream>
using namespace std;
int f(int);
int main()
{   try
    {   cout<<"4!="<<f(4)<<endl;
        cout<<"-2!="<<f(-2)<<endl;
    }
    catch (int n)
    {   cout<<"n="<<n<<" 不能计算 n!."<<endl;
        cout<<"程序执行结束."<<endl;
    }
        return 0;
}
int f(int n)
{   if(n<=0)
        throw n;
    int s=1;
    for(int i=1;i<=n;i++)
        s*=i;
    return s;
}
```

【解】本程序的运行结果如下：

```
4!=24
n=-2 不能计算 n!.
程序执行结束.
```

【10.9】写出下面程序的运行结果。

```
#include <iostream>
using namespace std;
namespace NS1
{   void fun()
    {   cout<<"NS1: fun"<<endl;
    }
}
namespace NS2
{   void fun()
    {   cout<<"NS2: fun"<<endl;
    }
}
```

```
int  main()
{   NS1::fun();
    NS2::fun();
    return  0;
}
```

【解】本程序的运行结果如下：

```
NS1: fun
NS2: fun
```

第 11 章 STL 标准模板库

分析下列程序的运行结果。

1.

```
#include <iostream>
#include <string>
#include <vector>
#include <algorithm>
using namespace std;
int main()
{
    vector<char> alphaVector;
    for(int i=0;i<8;i++)
        alphaVector.push_back(i+65);
    int size=alphaVector.size();
    vector<char>::iterator theIterator;
    for( int j=0;j<size;j++) {
        alphaVector.pop_back();
        for(theIterator=alphaVector.begin();theIterator!=alphaVector.end();
theIterator++)
            cout<<*theIterator;
        cout<<endl;
    }
    return 0;
}
```

本程序的运行结果如下：

```
ABCDEFG
ABCDEF
ABCDE
ABCD
ABC
AB
A
```

2.

```
#include <iostream>
#include <queue>
#include <string>
```

```
using namespace std;
void test_empty()
{
    priority_queue<int> mypq;
    int sum (0);
    for(int i=1;i<=100;i++)
        mypq.push(i);
    while(!mypq.empty())
    {
        sum+=mypq.top();
        mypq.pop();
    }
    cout<<"总数:"<<sum<<endl;
}//总数: 5050

void test_pop()
{
    priority_queue<int> mypq;
    mypq.push(30);
    mypq.push(100);
    mypq.push(25);
    mypq.push(40);
    cout<<"元素出队列...";
    while(!mypq.empty())
    {
        cout<<" "<<mypq.top();
        mypq.pop();
    }
    cout<<endl;
}//元素出队列 ... 100 40 30 25
void test_top()
{
    priority_queue<string> mypq;
    mypq.push("how");
    mypq.push("are");
    mypq.push("you");
    cout<<"队头元素:---  "<<mypq.top()<<endl;
}//队头元素:--->>>you
int main()
{
    test_empty();
    cout<<"\n**********************************************\n";
    test_pop();
    cout<<"\n**********************************************\n";
    test_top();
    cout<<"\n**********************************************\n";
    priority_queue<float> q;
    q.push(66.6);
    q.push(22.2);
    q.push(44.4);
```

```
    cout<<q.top()<<' ';
    q.pop();
    cout<<q.top()<<endl;
    q.pop();
    q.push(11.1);
    q.push(55.5);
    q.push(33.3);
    q.pop();
    while(!q.empty())
    {
        cout<<q.top()<<' ';
        q.pop();
    }
    cout<<endl;
}
```

本程序的运行结果如下：

```
总数: 5050

*************************************************
元素出队列... 100 40 30 25

*************************************************
队头元素:--->>>   you

*************************************************
 66.6 44.4
 33.3 22.2 11.1
```

3.

```
#include <iostream>
#include <map>
#include <string>
using namespace std;
typedef struct Student
{
    int      StuNumber;
    string   StuName;
    bool operator<(Student const& Stu_A) const
    {
            //首先按 StuNumber 排序，如果 StuNumber 相等的话，再按 StuName 排序
        if(StuNumber<Stu_A.StuNumber)  return true;
        if(StuNumber==Stu_A.StuNumber)
            return StuName.compare(Stu_A.StuName)<0;
        return false;
    }
}StudentInfo, *PStudentInfo;  //学生信息
int main ()
{
    map<StudentInfo,int>mapStudent;
    map<StudentInfo,int>::iterator iter;
    StudentInfo studentInfo;
```

```
    studentInfo.StuNumber=1;
    studentInfo.StuName="周兵";
    mapStudent.insert(pair<StudentInfo, int>(studentInfo,90));
    studentInfo.StuNumber=2;
    studentInfo.StuName="周敏";
    mapStudent.insert(pair<StudentInfo, int>(studentInfo,80));
    for(iter=mapStudent.begin();iter!=mapStudent.end();iter++)
    {   cout<<"学号: "<<iter->first.StuNumber<<endl;
        cout<<"姓名: "<<iter->first.StuName<<endl;
        cout<<"分数: "<<iter->second<<endl;
    }
}
```

本程序的运行结果如下：

```
学号: 1
姓名: 周兵
分数: 90
学号: 2
姓名: 周敏
分数: 80
```

第 12 章 面向对象程序设计方法与实例

【12.1】修改教材中 ATM 的程序，增加存款、修改密码的操作。

【解】

修改 AccountItem 的类声明为：

```
class AccountItem
{   public:
        AccountItem();
        AccountItem(string Anumber, string Password, string Owener,
        const double Balance);
        void Display();
        void Read(ifstream& s);
        //the following function was added for inventory update
        void Write(ofstream& s);
        short CheckNumber(string Anumber);
        string GetNumber();
        string GetPassword();
        void UpdatePassword(string pass);                    //修改密码
        void DeductBalance(double pay);
        void SaveAccount(double count);                      //存钱
        double GetBalance();
        string GetName();
        short IsNull();
    private:
        string m_Anumber;
        string m_Password;
        string m_Name;
        double m_Balance;
};
```

增加的成员函数为：

```
void AccountItem::UpdatePassword(string pass)       //修改密码
{  m_Password=pass;
};
void AccountItem::SaveAccount(double count)         //存钱 count 到账户中
{  m_Balance += count;
};
```

主函数修改为：

```
#include <iostream>
#include <fstream>
#include "strclass.h"
#include "accitem.h"
#include "Accbook.h"
int main()
{   ifstream InputStream("Account.in");
    string AccountNo;
    string AccPassword;
    string newPassword1;
    string newPassword2;
    double AccountCount;
    string ItemName;
    double OldAccountbook;
    Accountbook MyAccountbook;
    AccountItem FoundItem;
    string TransactionCode;
    string Count;
    double SaveCount;
    MyAccountbook.LoadAccountbook(InputStream);
    cout<<"请输入账号:  ";
    cin>>AccountNo;
    FoundItem=MyAccountbook.FindItem(AccountNo);
    if(FoundItem.IsNull()==true)
    {   cout<<"账号不存在."<<endl;
        return 0;
    }
    cout<<"请输入口令:  ";
    cin>>AccPassword;
    if(FoundItem.GetPassword()!=AccPassword)
    {   cout<<"口令错误! "<<endl;
        return 0;
    }
    OldAccountbook=FoundItem.GetBalance();
    cout<<"请选择交易代码: "<<endl;
    cout<<"G  (取钱)"<<endl;
    cout<<"C  (查询余额)"<<endl;
    cout<<"S  (存钱)"<<endl;
    cout<<"U  (修改密码)"<<endl;
    cin>>TransactionCode;
    if(TransactionCode=="C"||TransactionCode=="c")
    {  cout<<"余额是:  "<<FoundItem.GetBalance()<<endl;
    }
    else if(TransactionCode == "G"||TransactionCode=="g")
    {   cout<< "请选择取钱的数量:  "<<endl;
        cout<<"1  (取100)"<<endl;
        cout<<"2  (取200)"<<endl;
        cout<<"5  (取500)"<<endl;
```

```
        cout<<"A   (取 1000)"<<endl;
        cout<<"B   (取 2000)"<<endl;
        cin>>Count;
        if(Count=="1")  AccountCount=100.;
        else  if(Count=="2")  AccountCount=200.;
        else  if(Count=="5")  AccountCount=500.;
        else  if(Count=="A")  AccountCount=1000.;
        else  if(Count=="B")  AccountCount=2000.;
        else{  cout<<"选择错误"<<endl;return  0;}
        if(OldAccountbook<AccountCount)
        {   cout<<"存款余额不够! "<<endl;}
        else
        {   FoundItem.DeductBalance(AccountCount);
            MyAccountbook.UpdateItem(FoundItem);
            cout<<"请取钱!"<<endl;
            ofstream  OutputStream("Account.in");
            MyAccountbook.StoreAccountbook(OutputStream);
        }
    }
    else  if(TransactionCode=="S"||TransactionCode=="s")
    {   cout<<"请输入存钱数量: ";
        cin>>SaveCount;
        FoundItem.SaveAccount(SaveCount);
        MyAccountbook.UpdateItem(FoundItem);
        ofstream  OutputStream("Account.in");
        MyAccountbook.StoreAccountbook(OutputStream);
    }
    else  if(TransactionCode=="U"||TransactionCode=="u")
    {   cout<<"请输入修改后的密码: ";
        cin>>newPassword1;
        cout<<"请再次输入修改后的密码: ";
        cin>>newPassword2;
        if(newPassword1==newPassword2)
        {   FoundItem.UpdatePassword(newPassword1);
            MyAccountbook.UpdateItem(FoundItem);
            ofstream  OutputStream("Account.in");
            MyAccountbook.StoreAccountbook(OutputStream);
            cout<<"密码修改成功!";
        }
        else
        cout<<"密码修改失败!";
    }
    return  0;
}
```

【12.2】修改网上购书的例子，模拟下订单的操作。每张订单的数据成员如下：

```
class  order
{  static  int  ordercount;          //自动增加订单编号
   int  orderID;                     //订单编号
   int  buyerID;                     //购书人编号
   int  listcount;                   //购书数量
```

```
    string  orderlist[20];                    //记录书号的数组
 }
```

【解】修改后的程序如下：

```
#include  <iostream>
#include  "strclass.h"
#include  "buy.h"
#include  "book.h"
class  order
{
  public:
    order()
    {   buyerID=0;
        ordercount++;
        orderID=ordercount;                   //订单编号自动加 1
        listcount=0;
    }
    void  setbuyid(int  b_id)
    {   buyerID=b_id;
    }
    void  buy_one_book(string  b_id)
    {   orderlist[listcount]=b_id;
        listcount++;
    }
    void  display();
  private:
    static  int  ordercount;                  //自动增加订单编号
    int  orderID;                             //订单编号
    int  buyerID;                             //购书人编号
    string  orderlist[20];                    //书号数组
    int  listcount;                           //购书数量
};
void  order::display()
{  int  i;
   cout<<"\n 订单信息\n\n 订单号: "<<orderID<<"\t";
   cout<<"购书人编号: "<<buyerID<<"\n";
   cout<<"  所购图书书号: ";
   for(i=0;i<listcount;i++)
       cout<<orderlist[i]<<"\t";
           cout<<endl;
}
int  order::ordercount=0;
void  main()
{  int  i=0,j=0;
   int  buyerid,flag;
   book  *c[2];
   layfolk  b1("林小茶",1,"北京",0);
   honoured_guest  b2("王遥遥",2,.6,"上海",0);
   member  b3("赵红艳",3,5,"广州",0);
   order  o1[20];                            //订单数组
   buyer  *b[3]={&b1,&b2,&b3};
```

```
    book  c1("","C++  programing","谭浩强","清华",25);
    book  c2("A2","data  structure","许天风","北大",20);
    c[0]=&c1;
    c[1]=&c2;
    cout<<"购书人信息: \n\n";
    for  (i=0;i<3;i++)
       b[i]->display();
    cout<<"\n 图书信息: \n\n";
    for(i=0;i<2;i++)
       c[i]->display();
    while(j<2)
    {  cout<<"\n\n 请输入购书人编号: ";
       cin>>buyerid;
       flag=0;
       for(i=0;i<3;i++)
          if(b[i]->getid()==buyerid)  {  flag=1;break;}
             if(!flag)  {  cout<<"编号不存在"<<endl;}
             else
             {   b[i]->setpay(c[0]->getprice());
                 b[i]->setpay(c[1]->getprice());
                 cout<<endl<<"购书人需要付费: "<<b[i]->getpay()<<"\n\n";
                 o1[j].setbuyid(b[i]->getid());
                 o1[j].buy_one_book(c[0]->getbook_ID());
                 o1[j].buy_one_book(c[1]->getbook_ID());
                 o1[j].display();j++;
             }
    }
}
```

第二篇

C++语言上机实验环境介绍

第 13 章 在 Visual C++ 2010 环境下调试与运行程序

本章介绍使用 Visual C++ 2010（即 Visual Studio 2010）调试与运行 C++源程序的方法。限于篇幅只介绍最基本的调试程序的过程。

示例程序中一个源文件 welcome.cpp，代码如下：

```
#include <iostream>
using namespace std;
int main()
{
    long  account;
    cout<<"请输入你的账号: ";
    cin>>account;
    if(account==12345 )
        cout<<"欢迎你! "<<"\n ";
    else
        cout<<"账号错误"<<endl;
    return 0;
}
```

本书的所有程序使用 Visual C++ 2010 调试，在此有必要简单地介绍一下使用 Visual C++ 2010 调试 C++程序的步骤和方法。

Visual C++ 2010 是全屏幕编辑环境，编辑、编译、连接、运行都可以在其中完成。

1. 启动 Visual C++ 2010

在 Windows 环境“开始”菜单中找到 Microsoft Visual Studio 2010 并单击，如图 2-1 所示。

2. 建立一个新的项目

单击“起始页”中的“新建项目”图标，如图 2-2 所示（也可以在菜单栏中选择“文件”→“新建”→“项目”命令），弹出“新建项目”对话框，选择“Win32 控制台应用程序”选项，如图 2-3 所示，在“名称”文本框中填写项目名称“MyProject”，如图 2-4 所示，单击“确定”按钮，弹出“Win32 应用程序向导”对话框，如图 2-5 所示，单击“下一步”按钮，接着选择“空项目”复选框，如图 2-6 所示，最后单击“完成”按钮。

图 2-1　启动 Visual C++ 2010

图 2-2　单击“新建项目”图标

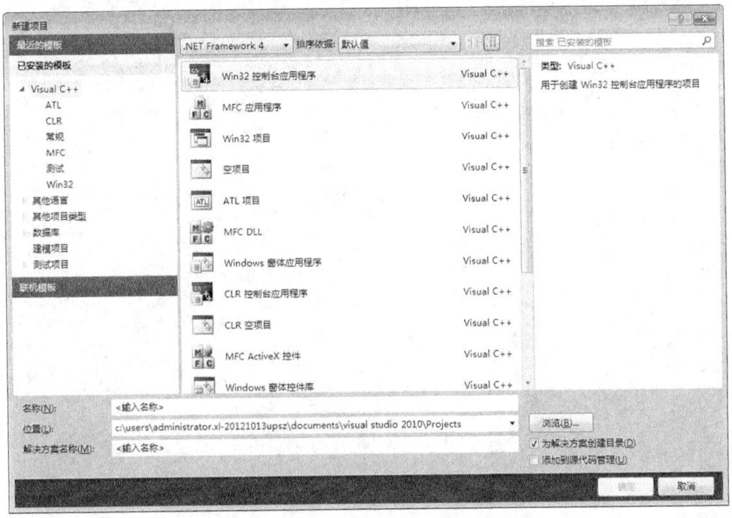

图 2-3　“新建项目”对话框

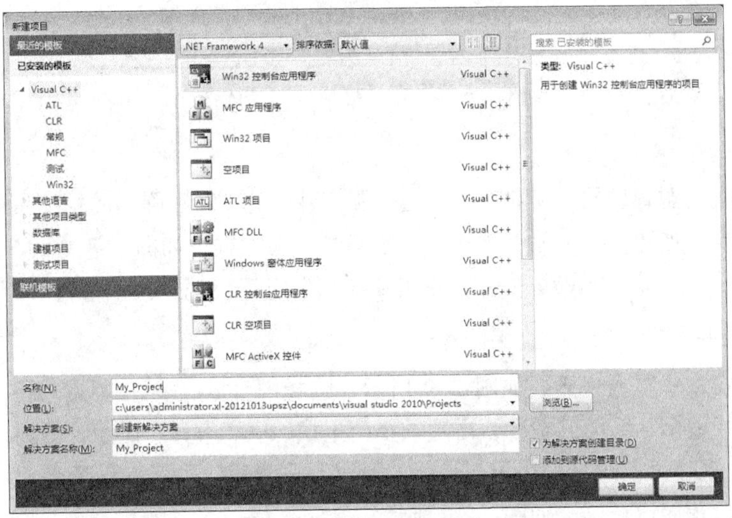

图 2-4　为项目命名

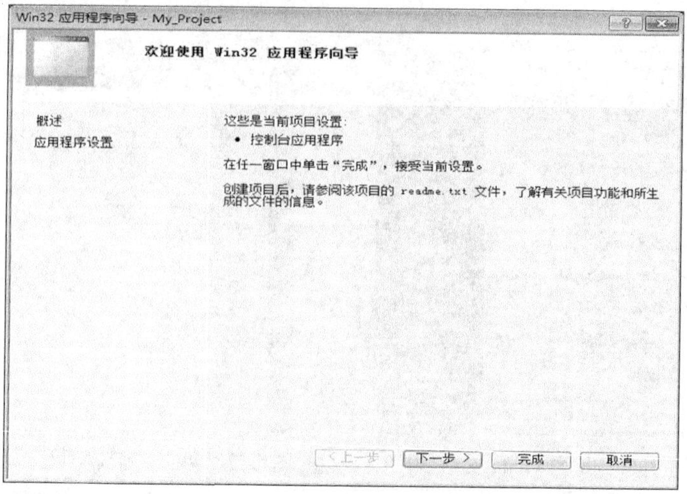

图 2-5 “Win32 应用程序向导”对话框

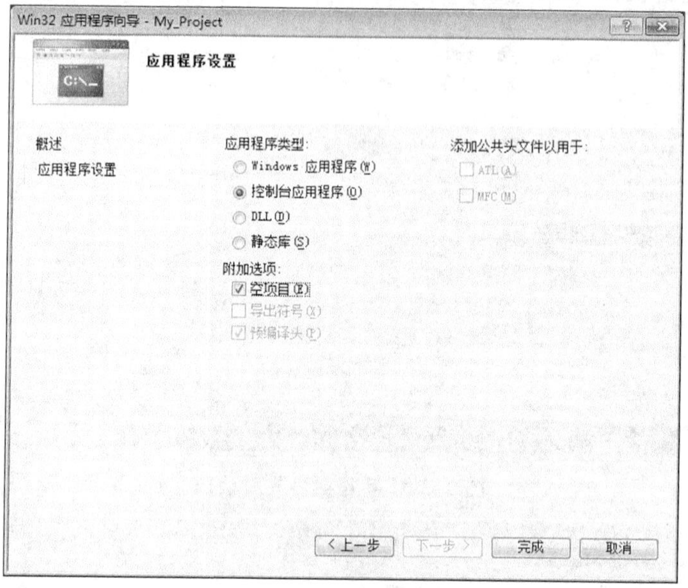

图 2-6 选择“空项目”复选框

3. 建立源文件

在“解决方案资源管理器”窗口中，右击“源文件”选项，在弹出的快捷菜单中选择“添加”→“新建项”命令，如图 2-7 所示，弹出“添加新项”对话框，如图 2-8 所示，选择“C++文件”(.cpp) 选项，输入文件名“My Project”，单击“添加”按钮，打开文本编辑窗口。

4. 输入代码并运行

在文本编辑窗口中输入代码，如图 2-9 所示，选择“生成”→“编译”命令，如图 2-10 所示，对源文件进行编译，编译成功后，再次选择“生成”→“编译”命令，得到编译通过的提示，如图 2-11 所示。现在可以执行程序了，选择“调试”→“开始执行（不调试）”命令，如图 2-12 所示，执行程序，程序运行结果如图 2-13 所示。

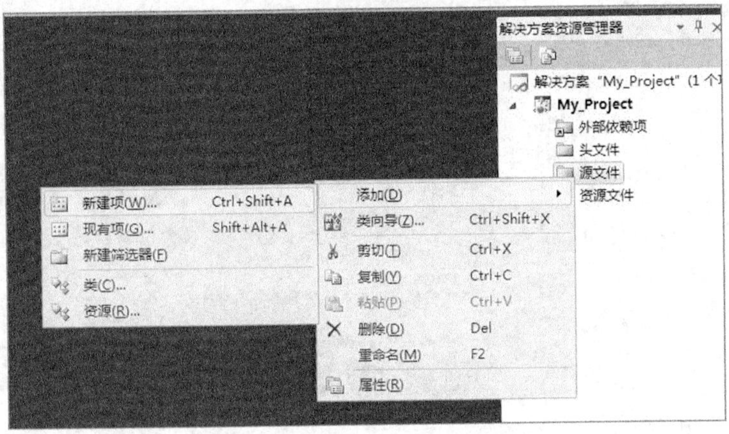

图 2-7　源文件下的快捷菜单

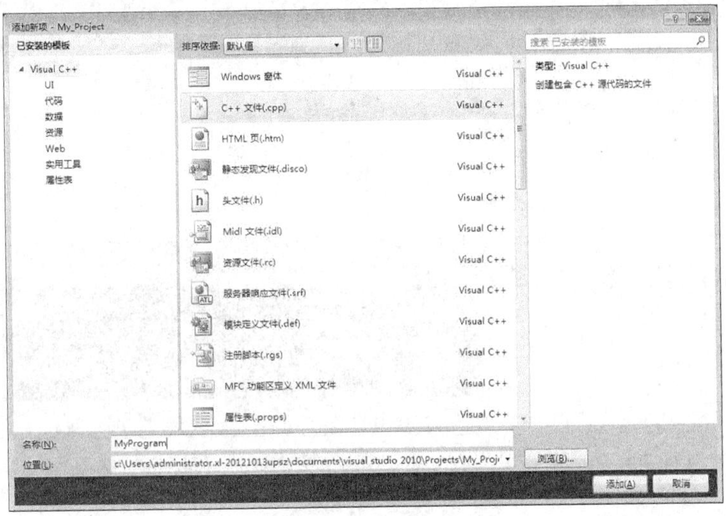

图 2-8　"添加新项"对话框

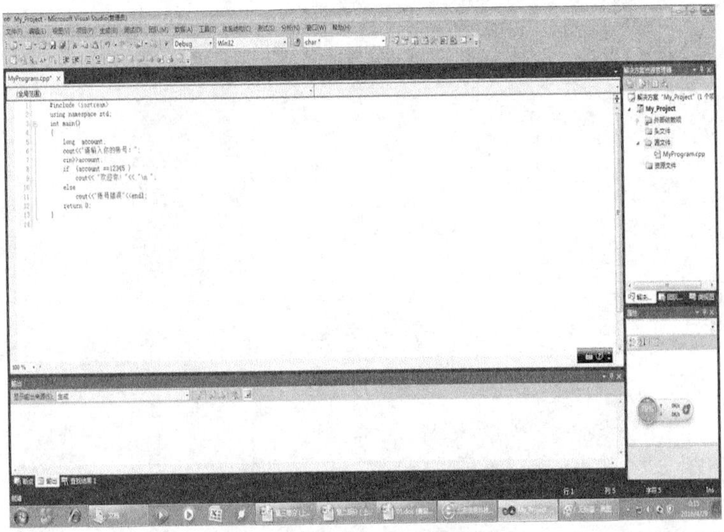

图 2-9　源程序文本编辑窗口

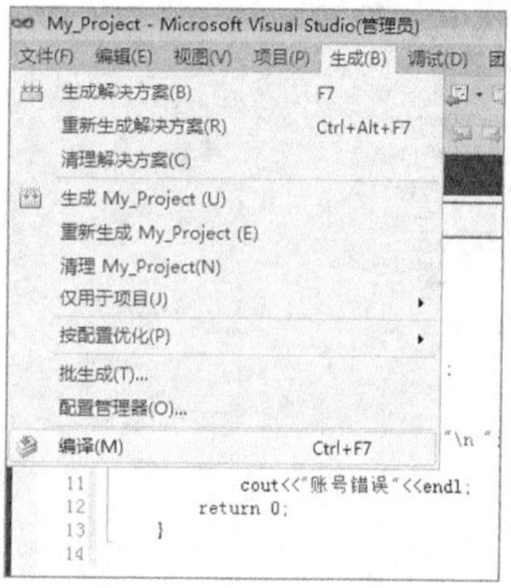

图 2-10 编译命令

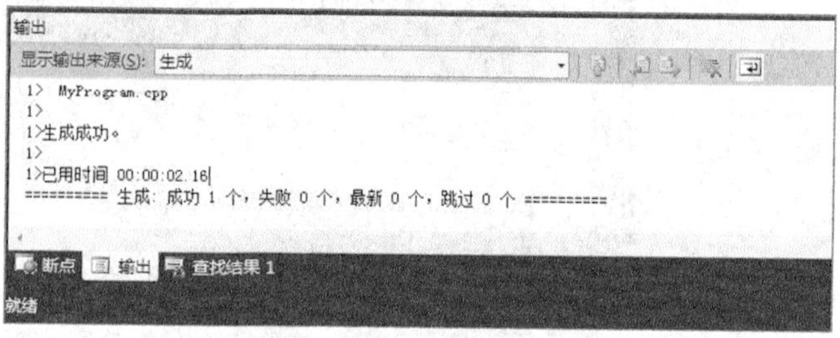

图 2-11 编译结果

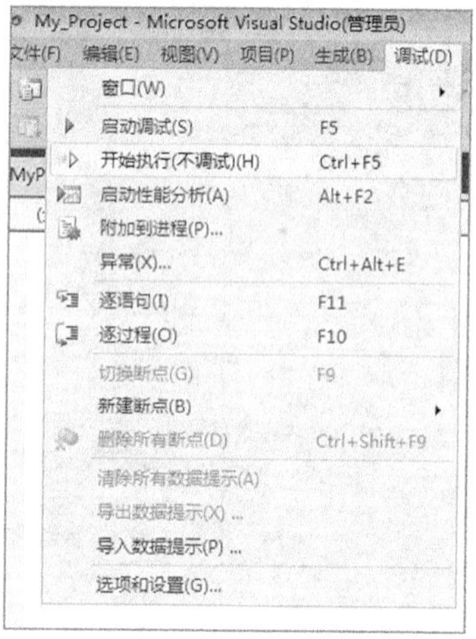

图 2-12 执行源程序

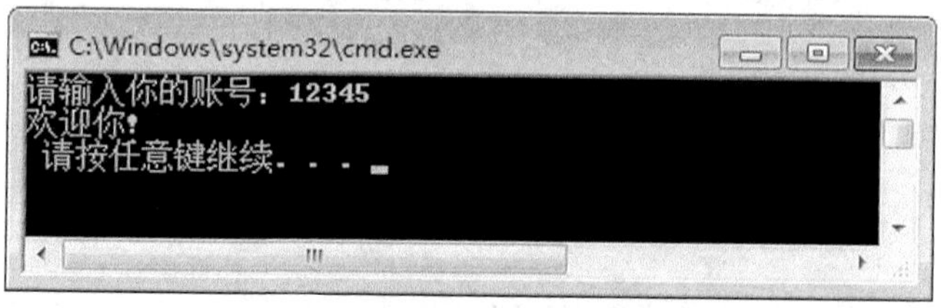

图 2-13 程序运行结果

5．保存代码

单击工具栏中的“全部保存”按钮。

第三篇

上机实验

实验 1　C++基础练习

1．实验目的和要求

（1）掌握 C++程序的基本格式与规范，学会编写简单的 C++程序。

（2）理解 C++程序结构的特点。

（3）熟悉 C++程序基本的输入/输出操作。

（4）掌握 C++数据类型常量和变量以及修饰符的使用方法。

（5）掌握函数定义、函数调用和函数说明的方法。

（6）熟悉作用域运算符的功能和基本使用方法。

（7）掌握 C++内存的动态分配与释放方法。

（8）理解引用的概念，掌握引用的使用方法。

2．实验内容

（1）编写一个简单程序程序，输出“欢迎你！”，并给程序加一行注释“First C++ program”。

（2）编制一个完整的包含输入和输出的简单 C++程序。

（3）编制内置函数求解 $2x^2+4x+5$ 的值，x 为整数，并用主函数调用该函数。

（4）利用函数重载，重载上面的函数，x 为浮点数。

（5）编写一个程序，对一个整数数组求和，求和的结果使用全局变量 sum 存储，同时对整数中的奇数求和，结果使用局部变量 sum 存储，在主程序将两个结果输出。本题要求体会和理解作用域运算符的概念与基本使用方法。

（6）编写一个程序动态分配一个浮点空间，输入一个数到该空间中，计算以该数为半径的圆的面积并在屏幕上显示，最后释放该空间。请使用 new、delete 运算符。

3．实验步骤

第一步：根据实验内容编写下面的代码进行调试。

```
#include <iostream>
using namespace std;
int main()
```

```
{   //First C++ program
    cout<<"欢迎你! \n";
    return 0;
}
```

第二步：下面的程序对用户输入的口令进行判断，输出不同的结果。

```
#include <iostream>
using namespace std;
int main()
{
    int pass;
    cout<<"请输入口令:";
    cin>>pass;
    if(pass==12345) cout<<"欢迎你! "<<endl;
    else cout<<"对不起，密码错误! "<<endl;
    return 0;
}
```

第三步：根据题目编写下面的代码进行调试。

```
#include <iostream>
using namespace std;
inline int f(int x)
{
    return 2*x*x+4*x+5;
}
int main()
{   cout<<f(5)<<endl;
    return 0;
}
```

第四步：根据题目编写下面的代码进行调试。

```
#include <iostream>
using namespace std;
inline int f(int x)
{
    return 2*x*x+4*x+5;
}
inline double f(double x)
{
    return 2*x*x+4*x+5;
}
int  main()
{   int x=5;
    double y=5.2;
    cout<<f(x)<<endl;
    cout<<f(y)<<endl;
    return 0;
}
```

第五步：在主函数内外同时使用 sum 做计数器，并在主函数中同时使用。

```
#include <iostream>
using namespace std;
```

```
int a[]={1,2,3,4,5,6,7,8,9,10};
int sum;
int main()
{
    int i;
    int sum=0;
    for(i=0;i<10;i++)
    {    if(a[i]%2!=0) sum=sum+a[i];
         ::sum=::sum+a[i];
    }
    cout<<"所有元素的和:"<<::sum<<endl;
    cout<<"奇数的和:"<<sum<<endl;
    return 0;
}
```

第六步：根据题目要求编写代码如下。

```
#include "StdAfx.h"
#include <iostream>
using namespace std;
int  main()
{
    double *r;
    r=new double;
    cout<<"请输入半径:";
    cin>>*r;
    cout<<"面积是:"<<3.14*(*r)*(*r)<<endl;
    delete r;
    return 0;
}
```

实验 2 类与对象（一）

1. 实验目的和要求

（1）掌握类、类的数据成员、类的成员函数的定义方式。

（2）理解类成员的访问控制方式。

（3）掌握对象的定义和操作对象的方法。

（4）理解构造函数和析构函数的定义与执行过程。

（5）掌握重载构造函数的方法。

（6）了解拷贝构造函数的方法。

2. 实验内容

（1）声明一个时间类 Time，时间类中有三个私有数据成员（Hour、Minute、Second）和两个公有成员函数（SetTime 和 Print_Time）。SetTime 根据传递的三个参数为对象设置时间；Print_Time 负责将对象表示的时间显示输出。

在主函数中，建立一个时间类的对象，设置时间为 9 点 20 分 30 秒并显示该时间。

（2）使用构造函数代替上面的 SetTime 成员函数，并在主函数中使用构造函数设置时间为 10 点 40 分 50 秒，并显示该时间。

（3）重载时间类的构造函数（不带参数），使小时、分、秒均为 0。

（4）在时间类的析构函数中输出“Good bye!”

（5）定义拷贝构造函数并调用。

（6）定义一个类 Stock，记录一支股票交易的基本信息，信息包括交易日序号（表示本月的第几个交易日，用整数表示）、当日最高价、当日最低价、当日开盘价和当日收盘价。尽量发挥想象力，为该类设计成员函数。

（7）在主函数中建立两个股票对象，分别存储该股票昨天和今天两天的信息，以当日收盘价计算该股票今天的涨幅。

3. 实验步骤

第一步：声明一个时间类。

```
#include <iostream>
using namespace std;
```

```
class Time
{
    private:
        int Hour,Minute,Second;
    public:
        void SetTime(int h,int m,int s);
        void Print_Time();
};
void Time::SetTime(int h,int m,int s)
{
    Hour=h;
    Minute=m;
    Second=s;
}
void Time::Print_Time()
{
    cout<<Hour<<":";
    cout<<Minute<<":";
    cout<<Second<<endl;
}
```

第二步：编写主函数调试时间类。

```
int main()
{
    Time mytime;
    mytime.SetTime(9,20,30);
    mytime.Print_Time();
    return 0;
}
```

第三步：用构造函数代替上面的 SetTime 成员函数。

```
#include <iostream>
using namespace std;
class Time
{
    private:
        int Hour,Minute,Second;
    public:
        Time(int h,int m,int s);
        void Print_Time();
};
Time::Time(int h,int m,int s)
{
    Hour=h;
    Minute=m;
    Second=s;
}
void Time::Print_Time()
{
    cout<<Hour<<":";
    cout<<Minute<<":";
    cout<<Second<<endl;
```

```
}
int main()
{
    Time mytime(10,40,50);
    mytime.Print_Time();
    return 0;
}
```

第四步：重载构造函数。

在第三步中程序的类 Time 内加上：

```
Time();
```

在第三步中程序的类 Time 外加上：

```
Time::Time()
{
    Hour=0;
    Minute=0;
    Second=0;
}
```

第五步：将上面的类声明改为如下形式。

```
class Time
{
    private:
        int Hour,Minute,Second;
    public:
        Time(int h,int m,int s);
        Time();
        ~Time();
        void Print_Time();
};
```

并增加析构函数：

```
Time::~Time()
{
    cout<<"Good bye"<<endl;
}
```

第六步：定义拷贝构造函数并使用。

```
class Time
{
    private:
        int Hour,Minute,Second;
    public:
        Time(int h,int m,int s);
        Time();
        Time(Time &t);
        ~Time();
        void Print_Time();
};
Time::Time(int h,int m,int s)
{
    Hour=h;
```

```
    Minute=m;
    Second=s;
}
Time::Time(Time &t)
{
    Hour=t.Hour;
    Minute=t.Minute;
    Second=t.Second;
}
void Time::Print_Time()
{
    cout<<Hour<<":";
    cout<<Minute<<":";
    cout<<Second<<endl;
}
Time::Time()
{
    Hour=0;
    Minute=0;
    Second=0;
}
Time::~Time()
{
    cout<<"Good bye"<<endl;
}
int main()
{
    Time mytime(10,40,50);
    Time yourtime(mytime);
    mytime.Print_Time();
    yourtime.Print_Time();
    return 0;
}
```

第七步：根据题目要求定义 Stock 类。

```
#include <iostream>
using namespace std;
class Stock
{
  private:
    int Number;
    float Max,Min,Begin,End;
    public:
        Stock(int n,float ma,float mi,float b,float e);
        void Set_Stock(int n,float ma,float mi,float b,float e);
        float Get_End();
        void Show_Stock();
};
Stock::Stock(int n,float ma,float mi,float b,float e)
{
    Number=n;
```

```
    Max=ma;
    Min=mi;
    Begin=b;
    End=e;
}
void Stock::Set_Stock(int n,float ma,float mi,float b,float e)
{
    Number=n;
    Max=ma;
    Min=mi;
    Begin=b;
    End=e;
}
float Stock::Get_End()
{
    return End;
}
void Stock::Show_Stock()
{
    cout<<Number<<"\t";
    cout<<Max<<"\t";
    cout<<Min<<"\t";
    cout<<Begin<<"\t";
    cout<<End<<endl;
}
```

第八步：编写主函数调试 Stock 类。

```
int  main()
{
    Stock s1(1,4.18,4.00,4.05,4.09);
    Stock s2(2,4.41,4.03,4.04,4.40);
    cout<<"\n"<<(s2.Get_End()-s1.Get_End())/s1.Get_End()*100<<" %";
    return 0;
}
```

实验 3 类与对象（二）

1. 实验目的和要求

（1）掌握对象数组定义与使用方法。

（2）理解对象指针的概念，学会用指针引用对象。

（3）了解 this 指针的工作方式。

（4）掌握静态数据成员和静态成员函数的基本使用方法。

（5）理解友元与友元函数的作用，掌握其使用方法。

2. 实验内容

（1）使用实验 2 中的股票类 Stock，定义一个对象数组存放连续 5 个交易日的股票信息。编写一个主函数，计算两个 Stock 对象（前后两日）的当日收盘价计算当日涨幅。用指针引用对象数组中的两个对象。在主函数中调用该函数计算从第 2 个交易日开始每天的当日涨幅。

（2）在 Stock 类中定义一个静态数据成员，记录当前 Stock 对象的数量。

（3）设计一个成员函数 Assign_stock()为对象赋值，其中的形式参数是对另一个 Stock 对象的引用，使用 this 指针避免对自己的赋值，在主函数中显示用 Assign_stock()赋值的对象。

（4）定义一个友元函数计算 Stock 对象的当日开盘价是否高于当日收盘价。若是则返回真，否则返回假。

3. 实验步骤

第一步：定义类 Stock，并计算两个 Stock 对象（前后两日）的当日收盘价计算当日涨幅。

```
#include <iostream>
using namespace std;
const N=5;
class Stock
{
   private:
      int Number;
      float Max,Min,Begin,End;
   public:
      Stock() {};
```

```
        Stock(int n,float ma,float mi,float b,float e);
        void Set_Stock(int n,float ma,float mi,float b,float e);
        void Set_Stock();
        float Get_End();
        void Show_Stock();
};
Stock::Stock(int n,float ma,float mi,float b,float e)
{
    Number=n;
    Max=ma;
    Min=mi;
    Begin=b;
    End=e;
}
void Stock::Set_Stock(int n,float ma,float mi,float b,float e)
{
    Number=n;
    Max=ma;
    Min=mi;
    Begin=b;
    End=e;
}
float Stock::Get_End()
{
    return End;
}
void Stock::Show_Stock()
{
    cout<<Number<<"\t";
    cout<<Max<<"\t";
    cout<<Min<<"\t";
    cout<<Begin<<"\t";
    cout<<End<<endl;
}
void Stock::Set_Stock()
{
    cout<<"Number:";
    cin>>Number;
    cout<<"Max:";
    cin>>Max;
    cout<<"Min:";
    cin>>Min;
    cout<<"Begin:";
    cin>>Begin;
    cout<<"End:";
    cin>>End;
}
int main()
{
    int i;
```

```
    Stock s1[100];
    Stock *p;
    for (i=0,p=s1;i<N;i++,p++)
       p->Set_Stock();
    for (i=0,p=s1;i<N;i++,p++)
      p->Show_Stock();
    for (i=1,p=s1+1;i<N;i++,p++)
    cout<<"\n"<<(p->Get_End()-(p-1)->Get_End())/(p-1)->Get_End()*100;
    cout<<" %";
    return 0;
}
```

第二步：定义静态数据成员。

```
#include <iostream>
using namespace std;
const N=2;
class Stock
{
    private:
        static int N_count;                    //静态数据成员
        int Number;
        float Max,Min,Begin,End;
    public:
        Stock()  {}
        Stock(int n,float ma,float mi,float b,float e);
        void Set_Stock(int n,float ma,float mi,float b,float e);
        void Set_Stock();
        float Get_End();
        void Show_Stock();
        int Get_N_count();
};
int Stock::N_count=0;
Stock::Stock(int n,float ma,float mi,float b,float e)
{
    N_count++;
    Number=n;
    Max=ma;
    Min=mi;
    Begin=b;
    End=e;
}
void Stock::Set_Stock(int n,float ma,float mi,float b,float e)
{
    N_count++;
    Number=n;
    Max=ma;
    Min=mi;
    Begin=b;
    End=e;
}
float Stock::Get_End()
```

```
{
    return End;
}
void Stock::Show_Stock()
{
    cout<<Number<<"\t";
    cout<<Max<<"\t";
    cout<<Min<<"\t";
    cout<<Begin<<"\t";
    cout<<End<<endl;
}
void Stock::Set_Stock()
{
    N_count++;
    cout<<"Number:";
    cin>>Number;
    cout<<"Max:";
    cin>>Max;
    cout<<"Min:";
    cin>>Min;
    cout<<"Begin:";
    cin>>Begin;
    cout<<"End:";
    cin>>End;
}
int Stock::Get_N_count()
{   return N_count;
}
int  main()
{
    int i;
    Stock s1[100];
    Stock *p;
    for(i=0,p=s1;i<N;i++,p++)
        p->Set_Stock();
    for(i=0,p=s1;i<N;i++,p++)
        p->Show_Stock();
    for(i=1,p=s1+1;i<N;i++,p++)
    cout<<"\n"<<(p->Get_End()-(p-1)->Get_End())/(p-1)->Get_End()*100<<" %";
    cout<<"\n"<<p->Get_N_count();
    return 0;
}
```

第三步：使用 this 指针。

```
#include <iostream>
using namespace std;
const N=2;
class Stock
{
    private:
        static int N_count;
```

```
        long Number;
        float Max,Min,Begin,End;
    public:
        Stock()  {}
        Stock(int n,float ma,float mi,float b,float e);
        void Set_Stock(int n,float ma,float mi,float b,float e);
        void Set_Stock();
        void Assign_Stock(Stock& p);
        void Show_Stock();
};
int Stock::N_count=0;
Stock::Stock(int n,float ma,float mi,float b,float e)
{
    N_count++;
    Number=n;
    Max=ma;
    Min=mi;
    Begin=b;
    End=e;
}
void Stock::Set_Stock(int n,float ma,float mi,float b,float e)
{
    N_count++;
    Number=n;
    Max=ma;
    Min=mi;
    Begin=b;
    End=e;
}
void Stock::Assign_Stock(Stock& p)
{
    if(this!=&p)
    {
        N_count++;
        Number=p. Number;
        Max=p.Max;
        Min=p.Min;
        Begin=p.Begin;
        End=p.End;
    }
}
void Stock::Show_Stock()
{
    cout<<Number<<"\t";
    cout<<Max<<"\t";
    cout<<Min<<"\t";
    cout<<Begin<<"\t";
    cout<<End<<endl;
}
void Stock::Set_Stock()
```

```
{
    N_count++;
    cout<<"Number:";
    cin>>Number;
    cout<<"Max:";
    cin>>Max;
    cout<<"Min:";
    cin>>Min;
    cout<<"Begin:";
    cin>>Begin;
    cout<<"End:";
    cin>>End;
}
int  main()
{
    Stock s1(4,7.88,7.48, 7.56,7.68);
    Stock s2;
    s2.Assign_Stock(s1);
    s2.Show_Stock();
    return 0;
}
```

第四步：增加友元函数。

在类中加定义：

```
int friend Get_Stock(Stock *s1);
```

在类外加函数定义：

```
int Get_Stock(Stock *s1)
{
    cout<<endl<<s1->Begin<<"\t"<<s1->End;
    if((s1->Begin)>(s1->End)) return 1;
    else return 0 ;
}
```

主程序变成：

```
int  main()
{
    int i;
    Stock s1[100];
    Stock *p;
    for(i=0,p=s1;i<N;i++,p++)
        p->Set_Stock();
    for(i=0,p=s1;i<N;i++,p++)
        cout<<"\nMax :"<<p->Get_Max();
    for(i=1,p=s1+1;i<N;i++,p++)
    cout<<"\n"<<(p->Get_End()-(p-1)->Get_End())/(p-1)->Get_End()*100<<" %";
    cout<<"\n"<<p->Get_N_count();                          //显示对象个数
    for(i=0,p=s1;i<N;i++,p++)
        cout<<"\n"<<Get_Stock(p)<<endl;                    //友元函数调用
    return 0;
}
```

实验 4　继承与派生

1. 实验目的和要求

（1）理解类的继承的概念，能够定义和使用类的继承关系。
（2）掌握派生类的声明与定义方法。
（3）熟悉公有派生和私有派生的访问特性。
（4）学习虚基类在解决二义性问题中的作用。

2. 实验内容

（1）定义一个基类 Person，数据成员包括工号、姓名、性别、工资。成员函数包括输入和输出。

```
class Person{
   public:
     void input();                    //输入数据
     void output();                        //输出数据
   protected:
     int number;                      //工号
     string name;                          //姓名
     string sex;                           //性别
     double salary;                        //工资
};
```

（2）定义一个教师类 Teacher 继承自 Person；该类增加数据成员：课时 teaching_hours 和职称 title；增加成员函数 pay()，计算教师的工资（职称不同则计算公式不同）。

（3）定义一个临时工类 Temporary_workers 继承自 Person，该类增加数据成员：每小时工资 hourlyPay 和工作小时数 workingHours，增加成员函数计算临时工的工资。

（4）定义一个职员类 Staff 继承自 Staff，该类增加数据成员：职位 position，不同的职位工资不同，增加成员函数计算其工资。

（5）定义 Staff_Teacher 类，既所谓的“双肩挑”，该类同时继承了 SortArray、Staff_Teacher 和 Teacher，增加成员函数计算其工资。

注意：在继承的过程中声明虚基类，体会虚基类在解决二义性问题中的作用。

3. 实验步骤

第一步：调试基类 Person。

```
#include <iostream>
#include <string>
#include <fstream>
using namespace std;
class Person{
   public:
       void input();
       void output();
   protected:
       int number;                              //工号
       string name;                             //姓名
       string sex;                              //性别
       double salary;                           //工资
};
void Person::input()
{
   cout<<"工号: ";cin >>number;
   cout<<"姓名: ";cin >>name;
   cout<<"性别: ";cin >>sex;
}
void Person::output()
{   cout<<"+---------------------------------+"<<endl;
   cout<<"工号: ";cout<<number<<endl;
   cout<<"姓名: ";cout<<name<<endl;
   cout<<"性别: ";cout<<sex<<endl;
   cout<<"+---------------------------------+"<<endl;
}
int main()
{
   Person p1;
   p1.input();
   p1.output();
}
```

第二步：调试派生类 Teacher。

在上一步的基础上增加下面的代码:

```
class Teacher:public virtual Person {
   public:
       void input();
       void output();
       void pay();
   protected:
       int teaching_hours ;                     //课时
       int title;                               //职称
};
void Teacher::input()
```

```
{
    Person::input();
    cout<<"课时: ";cin >>teaching_hours;
    cout<<"1------教授"<<endl;
    cout<<"2------副教授"<<endl;
    cout<<"3------讲师"<<endl;
    cout<<"4------助教"<<endl;
    cout<<"请选择职称: ";cin >>title;
}
void Teacher::output()
{
    Person::output();
    cout<<"课时: ";cout<<teaching_hours<<endl;
    cout<<"职称: ";
    if(title==1)
        cout<<"教授"<<endl;
    else  if(title==2)
        cout<<"副教授"<<endl;
    else  if(title==3)
        cout<<"讲师"<<endl;
    else  if(title==4)
        cout<<"助教"<<endl;
}
void Teacher::pay()
{
    if(title==1)                    //教授
        salary=teaching_hours*150+5000;
    else if(title==2)               //副教授
        salary=teaching_hours*120+4000;
    else if(title==2)               //讲师
        salary=teaching_hours*100+3000;
    else                            //助教
        salary=teaching_hours*80+2000;
    cout<<"工资: "<<salary<<endl;
}
```

并将主函数修改为：

```
int main()
{
    Teacher t1;
    t1.input();
    t1.output();
    t1.pay();
}
```

第三步：调试派生类 Temporary_workers。

在上一步的基础上增加下面的代码：

```
class Temporary_workers:public virtual Person {
   public:
       Temporary_workers():hourlyPay(30){}
       void input();
```

```
        void pay();
    private:
        double hourlyPay;
        int workingHours;
};
void Temporary_workers::input()
{
    Person::input();
    cout<<"当月工作时数: ";cin >>workingHours;
}
void Temporary_workers::pay()
{
    salary=workingHours*hourlyPay;
    cout<<"当月薪水:"<<salary<<endl;
}
```

并将主函数修改为:

```
int main()
{
    Temporary_workers tw1;
    tw1.input();
    tw1.output();
    tw1.pay();
}
```

第四步：调试派生类 Staff。

在上一步的基础上增加下面的代码:

```
class Staff: public virtual Person
{
    public:
        Staff(){}
        void input();
        void pay();
    protected:
        double position;                //职位
};
void Staff::input()
{
    Person::input();
    cout<<"1------院级"<<endl;
    cout<<"2------处级"<<endl;
    cout<<"3------科级"<<endl;
    cout<<"4------一般工作人员"<<endl;
    cout<<"请选择职位: ";cin >>position;
}
void Staff::output()
{
    Person::output();
    if(position==1)                     //院级
        cout<<"职位: 院级"<<endl;
    else if(position==2)                //处级
        cout<<"职位: 处级"<<endl;
```

```
    else if(position==3)              //科级
        cout<<"职位: 科级"<<endl;
    else if(position==4)              //一般工作人员
        cout<<"职位: 一般工作人员"<<endl;

}
void Staff::pay()
{
    if(position==1)                   //院级
        salary=8000;
    else if(position==2)              //处级
        salary=6800;
    else if(position==3)              //科级
        salary=6600;
    else if(position==4)              //一般工作人员
        salary=5000;
    cout<<"当月薪水: "<<salary<<endl;
}
```

第五步：调试 Staff_Teacher 类。

```
class Staff_Teacher:public Staff,public Teacher
{
   public:
       Staff_Teacher (){};
       void input();
       void output();
       void pay();
};
void Staff_Teacher::input()
{
    Teacher::input();
    cout<<"1------院级"<<endl;
    cout<<"2------处级"<<endl;
    cout<<"3------科级"<<endl;
    cout<<"4-------一般工作人员"<<endl;
    cout<<"请选择职位: ";cin >>position;
}
void Staff_Teacher::output()
{
    Teacher::output();
    if(position==1)
        cout<<"职位: 院级"<<endl;
    else if(position==2)
        cout<<"职位: 处级"<<endl;
    else if(position==3)
        cout<<"职位: 科级"<<endl;
    else if(position==4)
        cout<<"职位: 一般工作人员"<<endl;
}
```

```
void Staff_Teacher::pay()
{
    Staff::pay();
    if(title==1)                    //教授
        salary=teaching_hours*1.5+5000+salary;
    else if(title==2)               //副教授
        salary=teaching_hours*1.2+4000+salary;
    else if(title==2)               //讲师
        salary=teaching_hours*1.2+3000+salary;
    else                            //助教
        salary=teaching_hours*1.2+2000+salary;
    cout<<"工资: "<<salary;
}
```

主函数修改为:

```
int main()
{
    Staff_Teacher st1;
    st1.input();
    st1.output();
    st1.pay();
}
```

实验 5 多态性与虚函数

1. 实验目的和要求

（1）理解编译时的多态性和运行时的多态性。

（2）掌握运算符重载的基本方法。

（3）掌握虚函数的定义与使用方法。

2. 实验内容

（1）定义一个有理数类，并重载比较运算符<，<=，==，!=。

```
class Rational
{
    public:
      //构造函数
    Rational(int num=0,int denom=1);
      //重载比较操作符
      int operator<(Rational r) const;
      int operator<=(Rational r) const;
      int operator==(Rational r) const;
      int operator!=(Rational r) const;
    private:
      //定义一个有理数 num 为分母，den 为分子
      long num,den;
};
```

（2）定义一个类 Animal，该类中可以存放动物的名字，并有一个 Identify()函数用于显示动物的种类。

（3）定义两个类 Cat、Dog，都继承自类 Animal，并重载 Identify()函数，不但要显示动物的种类，还要显示动物的名字。

（4）定义类 Tiger，继承自类 Cat，重载 Identify()函数，显示动物的种类和名字。

（5）定义一个动物园类 Zoo，管理动物，根据下面的提示编写动物类及相关函数。注意指针虚函数的用法。

```
class Zoo
{
    public:
```

```
    Zoo(unsigned int max);              //构造函数，max 为最多能圈养的动物数
    ~Zoo() {delete residents;}              //析构函数
    unsigned int Accept(Animal *d);     //接收动物
    void ListAnimals();                 //显示动物园所有的动物
  private:
    unsigned int maxanimals;            //动物园最多能圈养的动物数
    unsigned int numanimals;            //动物园当前圈养的动物数
    Animal **residents;                 //指向动物园圈养的动物对象的指针数组
}
```

3. 实验步骤

第一步：定义有理数类并重载比较运算符。

```
#include <iostream>
using namespace std;
class Rational
{
   private:
     //定义一个有理数 num 为分母，den 为分子
     long num, den;
   public:
     //构造函数
     Rational(int num=0, int denom=1);
     //重载比较操作符
     int operator<(Rational r) const;
     int operator<=(Rational r) const;
     int operator==(Rational r) const;
     int operator!=(Rational r) const;
};
Rational::Rational(int p,int q): num(p),den(q)
{
    if(den==0)
    {
       cerr<<"A Zero denominator is invalid"<<endl;
       exit(1);
    }
}
//  重载“小于”
int Rational::operator<(Rational r) const
{
    return num*r.den<r.num*den;
}
//重载“小于等于”
int Rational::operator<=(Rational r) const
{
    return num*r.den <= r.num*den;
}
//重载“相等”
int Rational::operator==(Rational r) const
{
```

```
    return num*r.den==den*r.num;
}
//重载“不等于”
int Rational::operator!=(Rational r) const
{
    return num*r.den!=r.num*den;
}
int main()
{
    Rational a(2,3),b(3,4);
    if(a<b) cout<<"\na<b";
    else cout<<"\na>b";
    return 0;
}
```

第二步：调试 Animal 类。

```
#include <iostream>
#include <string>
using namespace std;
class Animal
{
    protected:
        char *name;
    public:
        Animal()
        {  name=NULL;
        }
        Animal (char *n);
        ~Animal() { delete name;}
        virtual void Identify();
};
Animal::Animal(char *n)
{
    name=new char[strlen(n)+1];
    strcpy(name,n);
}
void Animal::Identify()
{
    cout<<"\ngeneric animal";
}
int main()
{
    Animal a(" ");
    a. Identify();
    return 0;
}
```

第三步：调试 Cat 和 Dog 类。

```
#include <iostream>
using namespace std;
```

```
class Animal
{
   protected:
     char *name;
   public:
     Animal()
     {   name=NULL;
     }
     Animal (char *n);
     ~Animal() { delete name;}
     virtual void Identify();
};
class Cat:public Animal
{
   public:
     Cat():Animal() { }
     Cat(char *n):Animal(n) {}
     void Identify();
};
class Dog:public Animal
{
   public:
     Dog():Animal() { }
     Dog(char *n):Animal(n) {}
     void Identify();
};
Animal::Animal(char *n)
{
   name=new char[strlen(n)+1];
   strcpy(name,n);
}
void Animal::Identify()
{
   cout<<"\ngeneric animal";
}
void Cat::Identify()
{
   cout<<"\nI am a cat named "<<name<<endl;
}
void Dog::Identify()
{
   cout<<"\nI am a Dog named "<<name<<endl;
}
int main()
{
   Cat cat("Herry");
   cat.Identify();
   Dog dog("Jimmy");
```

```
    dog.Identify();
    return 0;
}
```

第四步：调试 Tiger。

```
#include <iostream>
using namespace std;
class Animal
{
    protected:
      char *name;
    public:
      Animal()
      {  name=NULL;
      }
      Animal (char *n);
      ~Animal() { delete name;}
      virtual void Identify();
};
class Cat:public Animal
{
    public:
      Cat():Animal() { }
      Cat(char *n):Animal(n) {}
      virtual void Identify();
};
class Tiger:public Cat
{
    public:
      Tiger():Cat() { }
      Tiger(char *n):Cat(n) {}
      void Identify();
};
class Dog:public Animal
{
    public:
      Dog():Animal() { }
      Dog(char *n):Animal(n) {}
      void Identify();
};
Animal::Animal(char *n)
{
   name=new char[strlen(n)+1];
   strcpy(name,n);
}
void Animal::Identify()
{
    cout<<"\ngeneric animal";
```

```
}
void Cat::Identify()
{
   cout<<"\nI am a cat named "<<name<<endl;
}
void Tiger::Identify()
{
   cout<<"\nI am a tiger named "<<name<<endl;
}
void Dog::Identify()
{
   cout<<"\nI am a Dog named "<<name<<endl;
}
int  main()
{
   Cat cat("Henry");
   cat.Identify();
   Dog dog("Jimmy");
   dog.Identify();
   Tiger tiger("Richard");
   tiger.Identify();
   return 0;
}
#include <iostream>
using namespace std;
class Animal
{
   protected:
     char *name;
   public:
     Animal()
     {  name=NULL;
     }
     Animal (char *n);
     ~Animal() { delete name;}
     virtual void Identify();
};
class Cat:public Animal
{
   public:
     Cat():Animal() { }
     Cat(char *n):Animal(n) {}
     virtual void Identify();
};
class Tiger:public Cat
{
   public:
     Tiger():Cat() { }
```

```
        Tiger(char *n):Cat(n) {}
        void Identify();
};
class Dog:public Animal
{
    public:
        Dog():Animal() { }
        Dog(char *n):Animal(n) {}
        void Identify();
};
```

第五步：增加 Zoo 类。

```
#include <iostream>
using namespace std;
class Animal
{
    protected:
        char *name;
    public:
        Animal()
        {  name=NULL;
        }
        Animal (char *n);
        ~Animal() { delete name;}
        virtual void Identify();
};
class Cat:public Animal
{
    public:
        Cat():Animal() { }
        Cat(char *n):Animal(n) {}
        virtual void Identify();
};
class Tiger:public Cat
{
    public:
        Tiger():Cat() { }
        Tiger(char *n):Cat(n) {}
        void Identify();
};
class Dog:public Animal
{
    public:
        Dog():Animal() { }
        Dog(char *n):Animal(n) {}
        void Identify();
};
class Zoo
{
```

```
  private:
      unsigned int maxanimals;                  //动物园最多能圈养的动物数
      unsigned int numanimals;                  //动物园当前圈养的动物数
      Animal **residents;                       //指向动物园圈养的动物对象的指针数组
  public:
      Zoo(unsigned int max);                    //构造函数，max 为最多能圈养的动物数
      ~Zoo() {delete residents;}                //析构函数
      unsigned int Accept(Animal *d);           //接收动物
      void ListAnimals();                       //显示动物园所有的动物
};
Animal::Animal(char *n)
{
    name=new char[strlen(n)+1];
    strcpy(name,n);
}
void Animal::Identify()
{
    cout<<"\ngeneric animal";
}
void Cat::Identify()
{
    cout<<"I am a cat named "<<name<<endl;
}
void Tiger::Identify()
{
    cout<<"I am a tiger named "<<name<<endl;
}
void Dog::Identify()
{
    cout<<"I am a Dog named "<<name<<endl;
}
Zoo::Zoo(unsigned int max)
{
    maxanimals=max;
    numanimals=0;
    residents=new Animal *[maxanimals];         //分配空间
    for (int i=0;i<maxanimals;++i)              //指针清空
        residents[i]=NULL;
}
unsigned int Zoo::Accept(Animal *d)
{
    if(numanimals==maxanimals)                  //超过最大圈养数
        return 0;
    ++numanimals;                               //当前圈养数加 1
    int i=0;
    while(residents[i]!=NULL)                   //用指针指向接收的动物对象
        ++i;
    residents[i]=d;
```

```
    return ++i;
}
void Zoo::ListAnimals()
{
    cout<<"\n (: There are ";
    cout<<numanimals<<" animals in Zoo.\n"; //显示动物园总的动物数
    if(numanimals>0)
    for(int i=0;i<maxanimals;++i)
        if(residents[i]!=NULL)
            residents[i]->Identify();          //显示动物对象的名称和种类
}
int main()
{
    Cat cat("Herry"),*q;
    cat.Identify();
    Dog dog("Jimmy"),*p;
    dog.Identify();
    Tiger tiger("Richard"),*r;
    tiger.Identify();
    Zoo beijing(20);
    q=&cat;
    p=&dog;
    r=&tiger;
    unsigned i=beijing.Accept(p);
    beijing.ListAnimals();
    i=beijing.Accept(q);
    beijing.ListAnimals();
    i=beijing.Accept(r);
    beijing.ListAnimals();
    return 0;
}
```

实验 6 函数模板与类模板

1. 实验目的和要求

（1）掌握函数模板及其声明方法。

（2）掌握模板函数及其生成方法。

（3）学习类模板的声明与使用方法。

2. 实验内容

（1）定义函数模板实现数组的冒泡排序。

（2）定义类模板实现栈的基本操作，栈的数据结构用带表头结点的单向链表实现。

（3）利用栈的类模板实现将输入的整数转换成八进制并输出。

3. 实验步骤

第一步：函数模板实现冒泡排序。

```
#include <iostream>
using namespace std;
template <class T>
void bubble(T* Array,int size)
{
    T temp;
    for(int i=0;i<size;i++)
        for(int j=0;j<size-i;j++)
            if(*(Array+ j)>*(Array+j+1))
            {
                temp=*(Array+j);
                *(Array+j)=*(Array+j+1);
                *(Array+j+1 )=temp;
            }
}
int main()
{
    int a[10]={ 2,69,5,-89,99,64,38,12345,-9999,66};
    double d[8]={ 2.69,5.698741,-89.0,3.14159,32.1,
```

```
        456.789,1.0,-9999.123456789};
    bubble(a,10);                         //将整数数组排序
    for(int i=0;i<10;i++)
    {
       cout<<"  "<<a[i];
    }
    cout<<endl;
    bubble(d,8);                          //将double型数组排序
    for(i=0;i<8;i++)
    {
       cout<<"  "<<d[i];
    }
    cout<<endl;
    return 0;
}
```

第二步：用类模板实现链式栈的操作。

```
#include <iostream>
using namespace std;
template <class Type>
class node
{
   public:
      Type data;
      node<Type> *next;
};
template<class Type>
class Stacklink
{
   private:
      node<Type> *top;
   public:
      Stacklink();
      ~Stacklink();
      void push(Type value);
      Type pop();
      int isnull();
};
template<class Type>
Stacklink<Type>::Stacklink()
{
   node<Type> *T;
   T=new node<Type>;
   T->next=NULL;
   top=T;
}
template<class Type>
Stacklink<Type>::~Stacklink()
{
   node<Type> *N,*Temp;
   for(N=top;N!=NULL;)
```

```
    {
        Temp=N;
        N=N->next;
        delete Temp;
    }
}
template<class Type>
void Stacklink<Type>::push(Type value)
{
    node<Type> *T;
    T=new node<Type>;
    if(T!=NULL)
    {   T->next=top;
        T->data=value;
        top=T;
    }
    else
    {   cout<<"assigned failure!";
        exit(1);
    }
}
template<class Type>
int Stacklink<Type>::isnull()
{
    if(top->next==NULL) return 1;
    else return 0;
}
template<class Type>
Type Stacklink<Type>::pop()
{
    Type value;
    node<Type> *Temp;
    if(top->next==NULL)
    {
        cout<<"\n The stack is Null! \n";
        return(0);
    }
    value=top->data;
    Temp=top;
    top=top->next;
    delete Temp;
    return(value);
}
```

第三步：十进制数转换成八进制的主函数。

```
int  main()
{
    int l=1,octal=0;
    long decimal,j;
    cout<<"\nplease input integer:";
    cin>>decimal;
```

```
    j=decimal;
    Stacklink<int> ss;
    while(j!=0)
    {
       ss.push(j%8*l);
       j=j/8;
       l=l*10;
    }
    cout<<endl;
    while(!ss.isnull())
    {
       j=ss.pop();
       octal=j+octal;
    }
    cout<<octal;
    return 0;
}
```

实验 7 输入/输出的格式控制

1. 实验目的和要求

（1）熟悉流及流类库的作用。

（2）熟练掌握流类库中常用的类及其成员函数的使用方法。

（3）掌握重载“<<”和“>>”的方法。

（4）掌握控制输出宽度的函数 width()和 setw()。

（5）掌握函数 setionsflags()和 resetonflags()设置和恢复对齐方式、精度、大小写、进制等。

2. 实验内容

（1）对实验 6 的 Rational 类，重载“<<”和“>>”。

（2）编制程序解决斐波那契数列问题，使用 width()控制输出的宽度使格式好看一些。

（3）修改第（2）题为左对齐。

（4）编制程序解决背包问题，设有一个背包可以放入的物品数量为 s，现有 n 件物品，质量分别为 w_1，w_2，…，w_n，问能否从这 n 件物品中选择若干件放入此背包，使得放入的物品质量之和正好为 s。如果存在一种符合上述要求的选择，则称此问题有解，否则问题无解。用 setw()控制 n 和 W[n]以及输出。

（5）编制程序对 10 个浮点数进行排序，排序之前用定点格式显示数值，排序以后用浮点格式显示数值。

（6）输出十进制、八进制、十六进制显示的数据 0～15。

3. 实验步骤

第一步：在 Rational 类中重载“<<”和“>>”。

程序代码如下：

```
#include <iostream>
using namespace std;
class Rational;                                                      //声明 Rational 类
istream& operator>>(istream& istr,Rational &r);                      //声明重载>>
ostream& operator<<(ostream& ostr,const Rational& d);                //声明重载<<
class Rational
```

```
{
    private:
        long num,den;
        void Standardize(void);
    public:
        Rational(int num=0,int denom=1);
        friend istream& operator>>(istream& istr,Rational &r);
        friend ostream& operator<<(ostream& ostr,const Rational& d);
};
void Rational::Standardize(void)
{
    if(den<0)
    {
    //使分母大于 0,符号在分子上
        den=-den;
        num=-num;
    }
}
Rational::Rational(int p,int q): num(p),den(q)
{
    if(den==0)
    {
        cerr<<"A Zero denominator is invalid"<<endl;
        exit(1);
    }
}
//重载>>，以 P/Q 的形式输入
istream& operator>>(istream& istr,Rational& r)
{
    char c;  //读入操作符 '/'
    //作为友元，">>" 可以存取 r 的分子和分
    istr>>r.num>>c>>r.den;
    //如果分母为 0 终止操作
    if(r.den==0)
    {
        cerr<<"A Zero denominator is invalid\n";
        exit(1);
    }
    //将 r 标准化,例如-2/-5 变成 2/5
    r.Standardize();
    return istr;
}
//重载<<，以 P/Q 的形式输出
ostream& operator<<(ostream& ostr,const Rational& r)
{
    ostr<<r.num<<'/'<<r.den;
    return ostr;
}
int  main()
{
```

```
    Rational test;
    cin>>test;
    cout<<endl<<test;
    return 0;
}
```

第二步：解决斐波那契数列问题，控制输出的宽度。

```
#include <iostream>
#include <iomanip>
using namespace std;
int main()
{
    int i,fib[20]={1,1};                             //初始化
    for(i=2;i<20;i++)
        fib[i]=fib[i-1]+fib[i-2];
    for(i=1;i<=20;i++)
    {
        cout.width(6);
        cout<<fib[i-1]<<"  ";
        if(i%5==0) cout<<"\n";                       //每输出 5 个换行
    }
    return 0;
}
```

第三步：在上步的基础上设置左对齐。

```
#include <iostream>
#include <iomanip>
using namespace std;
int main()
{
    int i,fib[20]={1,1};                             //初始化
    for(i=2;i<20;i++)
        fib[i]=fib[i-1]+fib[i-2];
    cout<<setiosflags(ios::left);
    for(i=1;i<=20;i++)
    {
        cout.width(6);
        cout<<fib[i-1]<<"  ";
        if(i%5==0) cout<<"\n";                       //每输出 5 个换行
    }
    cout<<resetiosflags(ios::left);
    return 0;
}
```

第四步：解决背包问题，控制输出的宽度。

```
#include <iostream>
#include <iomanip>
using namespace std;
int w[10]={0,5,6,10,3,11,8,9,7};
int knap(int s,int n)
{
    int f;
```

```
    if(s==0) f=1;
    else if((s<0)||((s>0)&&(n<1))) f=0;
    else if(knap(s-w[n],n-1)==1)
        {cout<<"\nw["<<setw(2)<<n<<"]="<<setw(3)<<w[n];f=1;}
    else  f=knap(s,n-1);
    return f;
}
int  main()
{
    int i;
    i=knap(45,8);
    if(i==0)
        cout<<"no solution\n";                    //背包问题无解
    return 0;
}
```

第五步：使用选择法解决排序问题，控制排序前后的浮点数显示方式。

```
#include <iostream>
#include <iomanip>
using namespace std;
const SIZE=10;
int  main()
{
    int i,j;
    float data[12],temp;
    int min_a;
    cout<<"\nPlease input "<<SIZE<<" int: ";
    for(i=0;i<SIZE;i++)
        cin>>data[i];
    cout<<"\nBefore sorted:\n";
    cout<<setiosflags(ios::fixed);
    cout<<setiosflags(ios::right);
    for(i=0;i<SIZE;i++)
        cout<<setw(10)<<data[i]<<"\n";
    cout<<resetiosflags(ios::fixed);
    cout<<resetiosflags(ios::fixed);
    for(i=0;i<SIZE;i++)
    {
        min_a=i;
        for(j=i;j<SIZE;j++)
        if(data[j]<data[min_a])
            min_a=j;
        temp=data[min_a];
        data[min_a]=data[i];
        data[i]=temp;
    }
    cout<<"\nAfter sorted:\n"<<setiosflags(ios::scientific);
    for(i=0;i<SIZE;i++)
        cout<<setw(10)<<data[i]<<"\n";
    cout<<resetiosflags(ios::scientific);
```

```
    return 0;
}
```

第六步：用不同进制输出 0 ~ 15。

```
#include <iostream>
#include <iomanip>
using namespace std;
int  main()
{
    int i;
    cout<<" dec"<<" oct"<<" hex"<<endl;
    for(i=0;i<=15;i++)
    {
        cout<<setw(4)<<dec<<i;
        cout<<setw(4)<<oct<<i;
        cout<<setw(4)<<hex<<i;
        cout<<"\n";
    }
    return 0;
}
```

实验 8 文件的输入与输出

1. 实验目的和要求

（1）掌握文本文件的输入/输出方法。

（2）掌握二进制文件的输入/输出方法。

2. 实验内容

（1）向二进制文件 stock.dat 中输出表 3-1 所示内容。

表 3-1 输入的内容

股票名称	股票代码	买入价	卖出价	成交价
深发展	000001	8.77	8.78	8.78
中关村	000931	6.14	6.15	6.15
梅雁股份	600868	4.15	4.16	6.14
明天科技	600091	7.15	7.16	7.17

（2）从上面生成的二进制文件 stock.dat 中的内容读入内存，并显示出所有的信息。

（3）求三角形的面积，重载<<（输出三角形的三条边和面积）和>>（输入三角形的三条边）。假设类定义部分代码是：

```
class triangle {
   private:
      double a,b,c;
   public:
      triangle (double x,double y,double z)
      {   a=x;b=y;c=z;  }
      triangle ()
      {   a=0;b=0;c=0;}
      friend ostream &operator<<(ostream &,triangle  &);
      friend istream &operator>>(istream &,triangle  &);
};
```

3. 实验步骤

第一步：设计类 StockClass。

```
#include <fstream>
#include <iostream>
using namespace std;
class StockClass
{
   private:
      char m_Stockname[20];                          //股票名称
      long m_Stockcode;                              //股票代码
      float m_Price[3];                              //买入价，卖出价，成交价
   public:
      StockClass();
      StockClass(char Stockname[], long Stockcode, double a,double b,double c);
      void Display();                                //显示对象
};
StockClass::StockClass()                             //构造函数
{
   int i;
   strcpy(m_Stockname,"");
   m_Stockcode = 0;
   for(i=0;i<3;i++)
      m_Price[i]=0;
};
StockClass::StockClass(char  Stockname[],long  Stockcode,double  a,double
b,double c)
{
   strcpy(m_Stockname,Stockname);
   m_Stockcode= Stockcode;
   m_Price[0]=a;
   m_Price[1]=b;
   m_Price[2]=c;
};
void StockClass::Display()                           //显示股票数据
{
   int i;
   cout<<"Stockname: ";
   cout<<m_Stockname<<endl;
   cout<<"Stockcode: ";
   cout<<"Price: ";
   cout.fill(' ');
   for(i=0;i<3;i++)
   {  cout.width(10);
      cout<<m_Price[i]<<" ";
   }
   cout<<endl;
   return;
};
```

第二步：编写主函数将数据写入 stock.dat。

```
int main()
{
   StockClass Lin[4];                                //定义对象数组
```

```
    Lin[0]=StockClass("深发展",11, 8.77,8.78,8.78);        //构造对象
    Lin[1]=StockClass("中关村",9311, 6.14, 6.15, 6.15);      //构造对象
    Lin[2]=StockClass("梅雁股份",6008681, 4.15, 4.16,4.14);  //构造对象
    Lin[3]=StockClass("明天科技",6000911,7.15,7.16,7.17);    //构造对象
    ofstream Stockfile("stock.dat",ios::binary);
                                    //打开二进制文件 stock.dat
    Stockfile.write((char *)Lin,4*sizeof(StockClass));
                                    //写四个对象到文件 stock.dat
    return 0;
}
```

第三步：编写主函数从数据 stock.dat 文件中读入数据并显示。

```
int main()
{   StockClass Lin[4];                                  //定义对象数组
    ifstream  Stockfile("stock.dat",ios::binary);
                                //打开二进制文件 stock.dat
    if(Stockfile)
    Stockfile.read((char *)Lin,4*sizeof(StockClass));
                                //从文件 stock.dat 中读入数据到对象数组
    for(i=0;i<4;i++)
       Lin[i].Display();                                //显示对象
    return 0;
}
```

第四步：通过重载输入/输出符，接收三角形的三条边，输出三角形的面积。

```
#include <fstream>
#include <iostream>
#include <cmath>
using namespace std;
class triangle;
ostream &operator<<(ostream &output,triangle  &obj);
istream &operator>>(istream &input,triangle  &obj);
class triangle
{
   private:
      double a,b,c;
   public:
      triangle (double x,double y,double z)
      {   a=x;b=y;c=z;  }
      triangle ()
      {   a=0;b=0;c=0;}
      friend ostream &operator<<(ostream &,triangle  &);
      friend istream &operator>>(istream &,triangle  &);
};
ostream &operator<<(ostream &output,triangle  &obj)
{                                      //定义重载运算符<<
   double p;
   cout<<"三角形的三条边是：";
   output<<obj.a<<" ";
   output<<obj.b<<" ";
   output<<obj.c<<" ";
   p=(obj.a+obj.b+obj.c)/2;
```

```
    output<<"三角形的面积是: "<<sqrt(p*(p-obj.a)*(p-obj.b)*(p-obj.c));
    return output;
}
istream &operator>>(istream &input,triangle  &obj)
{                                            //定义重载运算符>>
    cout<<"Input the a,b,c of the triangle :\n";
    input>>obj.a;
    input>>obj.b;
    input>>obj.c;
    return input;
}
int main()
{
    triangle  c1(3,4,5);
    cout<<c1<<endl;
    return 0;
}
```

实验 9 综合练习

1. 实验目的和要求

通过本实验使学生掌握面向对象程序设计中一种常用的软件开发方法，即将软件开发过程划分为明显的几个阶段：问题分析和功能定义、对象（类）设计及实现、核心控制设计、编码与测试、进化（有必要的话）等。

2. 实验内容

设计程序，管理某高校教师、一般员工、临时工等的数据。并加上文件处理和简单的界面管理。

3. 实验步骤

第一步：问题分析和功能定义。

根据实际情况，分析工资系统的数据组成和工资的计算方法。

第二步：对象设计。

设计不同的类。

```
class Person{
   public:
      void input();
   protected:
      int number;                        //工号
      string name;                       //姓名
      string sex;                        //性别
      double salary;                     //工资
};
class Teacher:public virtual Person{
   public:
      void input();
      void pay();
   protected:
      int teaching_hours ;               //课时
      int title;                         //职称
};
```

```
class Temporary_workers:public virtual Person{
   public:
      Temporary_workers():hourlyPay(30){}
      void input();
      void pay();
   private:
      double hourlyPay;
      int workingHours;
};
class Staff: public virtual Person{
   public:
      Staff(){}
      void input();
      void pay();
   protected:
      double position;    //职位

};
class Staff_Teacher:public Staff,public Teacher{
   public:
      Staff_Teacher (){};
      void input();
      void pay();
};
```

第三步：核心控制设计。

用一个简易菜单控制操作，并将工资的计算结果存入文件。

第四步：编写程序并调试。

```
#include <iostream>
#include <string>
#include <fstream>
using namespace std;
class Person{
   public:
      friend ostream &operator<<(ostream&,Person&);
      void input();
   protected:
      int number;                         //工号
      string name;                        //姓名
      string sex;                         //性别
      double salary;                      //工资
};
class Teacher:public virtual Person{
   public:
      void input();
      void pay();
   protected:
      int teaching_hours ;                //课时
      int title;                          //职称
};
```

```
class Temporary_workers:public virtual Person{
    public:
        Temporary_workers():hourlyPay(30){}
        void input();
        void pay();
    private:
        double hourlyPay;
        int workingHours;
};
class Staff: public virtual Person{
    public:
        Staff(){}
        void input();
        void pay();
    protected:
        double position;    //职位

};
class Staff_Teacher:public Staff,public Teacher{
    public:
        Staff_Teacher (){};
        void input();
        void pay();
};
ostream& operator<<(ostream &os,Person &emp) {
    os <<"\t 工号 \t 姓名 \t 性别  \t 收入"<<endl;
    os <<"\t"<<emp.number<<"\t"<<emp.name<<"\t"<<emp.sex;
    os <<"\t"<<emp.salary<<endl;
    os <<"\t+----------------------------------------+"<<endl;
    return os;
}
void Person::input()
{

    cout<<"工号: ";cin >>number;
    cout<<"姓名: ";cin >>name;
    cout<<"性别: ";cin >>sex;
}
void Teacher::input()
{
    Person::input();
    cout<<"课时: ";cin >>teaching_hours;
    cout<<"1------教授"<<endl;
    cout<<"2------副教授"<<endl;
    cout<<"3------讲师"<<endl;
    cout<<"4------助教"<<endl;
    cout<<"请选择职称: ";cin >>title;
}
void Teacher::pay()
{
```

```
    if(title==1)                          //教授
        salary=teaching_hours*150+5000;
    else if(title==2)                     //副教授
        salary=teaching_hours*120+4000;
    else if(title==2)                     //讲师
        salary=teaching_hours*100+3000;
    else                                  //助教
        salary=teaching_hours*80+2000;
}
void Temporary_workers::input()
{
    Person::input();
    cout<<"当月工作时数: ";cin >>workingHours;
}
void Temporary_workers::pay()
{
    salary=workingHours*hourlyPay;
}
void Staff::input()
{
    Person::input();
    cout<<"1------院级"<<endl;
    cout<<"2------处级"<<endl;
    cout<<"3------科级"<<endl;
    cout<<"4------一般工作人员"<<endl;
    cout<<"请选择职位: ";cin >>position;
}
void Staff::pay()
{
    if(position==1)                       //院级
        salary=8000;
    else if(position==2)                  //处级
        salary=6800;
    else if(position==3)                  //科级
        salary=6600;
    else if  (position==4)                //一般工作人员
        salary=5000;
}
void Staff_Teacher::input()
{
    Teacher::input();
    cout<<"1------院级"<<endl;
    cout<<"2------处级"<<endl;
    cout<<"3------科级"<<endl;
    cout<<"4------一般工作人员"<<endl;
    cout<<"请选择职位: ";cin >>position;
}
void Staff_Teacher::pay()
{
    Staff::pay();
```

```
    if(title==1)                    //教授
        salary=teaching_hours*1.5+5000+salary;
    else if(title==2)               //副教授
        salary=teaching_hours*1.2+4000+salary;
    else if(title==2)               //讲师
        salary=teaching_hours*1.2+3000+salary;
    else                            //助教
        salary=teaching_hours*1.2+2000+salary;
}
void menu()
{
    system("cls");
    cout <<"***********欢迎使用工资管理系统*********"<<endl;
    cout <<"***        1.教师                    ***"<<endl;
    cout <<"***        2.一般职员                ***"<<endl;
    cout <<"***        3.临时工                  ***"<<endl;
    cout <<"***        4.双肩挑教师              ***"<<endl;
    cout <<"***        0.退出                    ***"<<endl;
    cout <<"**************************************"<<endl;
    cout <<"请选择: "<<endl;
}
int main()
{

    int ch;
    Teacher *TeacherPtr;
    Temporary_workers *Temporary_workersPtr;
    Staff *StaffPtr;
    Staff_Teacher *Staff_TeacherPtr;
    ofstream outFile(".\\result.txt");
    while(true)
    {
        menu();
        cin>>ch;
        switch(ch)
        {
            case 1:
                TeacherPtr= new Teacher;
                TeacherPtr->input();
                TeacherPtr->pay();
                outFile<<*TeacherPtr;
                cout<<*TeacherPtr;
                delete TeacherPtr;
                break;
            case 2:
                Temporary_workersPtr= new Temporary_workers;
                Temporary_workersPtr->input();
                Temporary_workersPtr->pay();
                outFile<<*Temporary_workersPtr;
                cout<<*Temporary_workersPtr;
```

```
            delete Temporary_workersPtr;
            break;
        case 3:
            StaffPtr= new Staff;
            StaffPtr->input();
            StaffPtr->pay();
            outFile<<*StaffPtr;
            cout<<*StaffPtr;
            delete StaffPtr;
            break;
        case 4:
            Staff_TeacherPtr= new Staff_Teacher;
            Staff_TeacherPtr->input();
            Staff_TeacherPtr->pay();
            outFile<<*Staff_TeacherPtr;
            cout<<*Staff_TeacherPtr;
            delete Staff_TeacherPtr;
            break;
        case 0:
            outFile.close();
            return 0;
      }
   }
}
```